FABLES

DE

LA FONTAINE.

LAFONTAINE.

FABLES

DE

LA FONTAINE.

NOUVELLE ÉDITION

PRÉCÉDÉE

DE L'ÉLOGE DE LA FONTAINE
PAR CHAMFORT.

TOME PREMIER.

PARIS.
PARMANTIER, RUE DAUPHINE.

DE L'IMPRIMERIE DE RIGNOUX.
M DCCC XXV.

ÉLOGE
DE LA FONTAINE.

DISCOURS

QUI A REMPORTÉ LE PRIX DE L'ACADÉMIE DE MARSEILLE EN 1774.

> AEsopi ingenio statuam posuere Attici.
> PHED., l. II, *Epilog.*

Le plus modeste des écrivains, La Fontaine, a lui-même, sans le savoir, fait son éloge, et presque son apothéose, lorsqu'il a dit que,

> Si l'apologue est un présent des hommes,
> Celui qui nous l'a fait mérite des autels.

C'est lui qui a fait ce présent à l'Europe; et c'est vous, messieurs, qui, dans ce concours solennel, allez, pour ainsi dire, élever en son honneur l'autel que lui doit notre reconnoissance. Il semble qu'il vous soit réservé d'acquitter la nation envers deux de ses plus grands poëtes, ses deux poëtes les plus aimables. Celui que vous associez aujourd'hui à Racine, non moins admirable par ses écrits, encore plus intéressant par sa personne, plus simple, plus près de nous, compagnon de notre enfance, est devenu pour nous un ami de tous les moments. Mais, s'il est doux de louer La Fontaine, d'avoir à peindre le charme de cette morale indulgente qui pénètre dans le cœur sans le blesser, amuse l'enfant pour en faire un homme, l'homme pour en faire un sage, et nous mèneroit à la vertu en nous rendant à la nature; comment découvrir le secret de ce style enchanteur, de ce style inimitable et sans modèle, qui réunit tous les tons sans blesser l'unité? Comment parler de cet heureux instinct qui sembla le diriger dans sa conduite comme dans ses ouvrages, qui se fait également sentir dans la douce facilité de ses mœurs et de ses écrits, et forma d'une âme si naïve et d'un esprit si fin un ensemble si piquant et si original? Faudra-t-il raisonner sur le sentiment, disserter sur les grâces, et ennuyer nos lecteurs pour montrer comment La Fontaine a charmé les siens? Pour moi, messieurs, évitant de discuter ce qui doit être senti, et de vous offrir l'analyse de la naïveté, je tâcherai seulement de fixer vos regards sur le charme de sa morale, sur la finesse exquise de son goût, sur l'accord singulier que l'un et l'autre eurent toujours avec la simplicité de ses mœurs; et dans ces différents points de vue, je saisirai rapidement les principaux traits qui le caractérisent.

PREMIÈRE PARTIE.

L'apologue remonte à la plus haute antiquité; car il commença dès qu'il y eut des tyrans et des esclaves. On offre de face la vérité à son égal : on la laisse entrevoir de profil à son maître. Mais, quelle que soit l'époque de ce bel art, la philosophie s'empara bientôt de cette invention de la servitude, et en fit un instrument de la morale. Lokman et Pilpay dans l'Orient, Ésope et Gabrias dans la Grèce, revêtirent la vérité du voile transparent de l'apologue; mais le récit d'une petite action réelle ou allégorique, aussi diffus[1] dans les deux premiers que serré et concis dans les deux autres, dénué des charmes du sentiment et de la poésie, découvroit trop froidement, quoique avec esprit, la moralité qu'il présentoit. Phèdre, né dans l'esclavage comme ses trois premiers prédécesseurs, n'affectant ni le laconisme excessif de Gabrias, ni même la brièveté d'Ésope, plus élégant, plus orné, parlant à la cour d'Auguste le langage de Térence; Faërne, car j'omets Avienus, trop inférieur à son devancier, Faërne qui dans sa latinité du seizième siècle sembleroit avoir imité Phèdre,

[1] Lockman n'est point diffus; c'est, au contraire, un fabuliste très-concis : mais Chamfort a été induit en erreur par Galland, qui a attribué à Lockman une part dans l'ouvrage de *Calila et Dimna*, vulgairement nommé *Fables de Bidpaï*.

s'il avoit pu connoître des ouvrages ignorés de son temps, ont droit de plaire à tous les esprits cultivés, et leurs bonnes fables donneroient même l'idée de la perfection dans ce genre, si la France n'eût produit un homme unique dans l'histoire des lettres, qui devoit porter la peinture des mœurs dans l'apologue, et l'apologue dans le champ de la poésie. C'est alors que la fable devient un ouvrage de génie, et qu'on peut s'écrier, comme notre fabuliste, dans l'enthousiasme que lui inspire ce bel art : *C'est proprement un charme*[1]. Oui, c'en est un sans doute; mais on ne l'éprouve qu'en lisant La Fontaine, et c'est à lui que le charme a commencé.

L'art de rendre la morale aimable existoit à peine parmi nous. De tous les écrivains profanes, Montaigne seul (car pourquoi citerois-je ceux qu'on ne lit plus?) avoit approfondi avec agrément cette science si compliquée, qui, pour l'honneur du genre humain, ne devroit pas même être une science. Mais, outre l'inconvénient d'un langage déjà vieux, sa philosophie audacieuse, souvent libre jusqu'au cynisme, ne pouvoit convenir ni à tous les âges, ni à tous les esprits; et son ouvrage, précieux à tant d'égards, semble plutôt

---

[1] Chamfort, dans cet éloge, se plaît souvent à emprunter à La Fontaine ses propres expressions : on a eu soin de les distinguer par un caractère différent.

une peinture fidèle des inconséquences de l'esprit humain qu'un traité de philosophie pratique. Il nous falloit un livre d'une morale douce, aimable, facile, applicable à toutes les circonstances, faite pour tous les états, pour tous les âges, et qui pût remplacer enfin, dans l'éducation de la jeunesse,

> Les quatrains de Pibrac et les doctes sentences
> Du conseiller Mathieu :
>
> Molière.

car c'étoient là les livres de l'éducation ordinaire. La Fontaine cherche ou rencontre le genre de la fable que Quintilien regardoit comme consacré à l'instruction de l'ignorance. Notre fabuliste, si profond aux yeux éclairés, semble avoir adopté l'idée de Quintilien : écartant tout appareil d'instruction, toute notion trop compliquée, il prend sa philosophie dans les sentiments universels, dans les idées généralement reçues, et, pour ainsi dire, dans la morale des proverbes qui, après tout, sont le produit de l'expérience de tous les siècles. C'étoit le seul moyen d'être à jamais l'homme de toutes les nations ; car la morale, si simple en elle-même, devient contentieuse au point de former des sectes, lorsqu'elle veut remonter aux principes d'où dérivent ses maximes, principes presque toujours contestés. Mais La Fontaine, en partant des notions communes et des sentiments nés avec nous, ne voit point dans l'apologue un simple récit qui mène à une froide moralité ; il fait de son livre

> Une ample comédie à cent acteurs divers.

C'est en effet comme de vrais personnages dramatiques qu'il faut les considérer ; et s'il n'a point la gloire d'avoir eu le premier cette idée si heureuse d'emprunter aux différentes espèces d'animaux l'image des différents vices que réunit la nôtre ; s'ils ont pu se dire comme lui,

> Le roi de ces gens-là n'a pas moins de défauts
> Que ses sujets,

lui seul a peint les défauts que les autres n'ont fait qu'indiquer. Ce sont des sages qui nous conseillent de nous étudier ; La Fontaine nous dispense de cette étude en nous montrant à nous-mêmes : différence qui laisse le moraliste à une si grande distance du poëte. La bonhomie réelle ou apparente qui lui fait donner des noms, des surnoms, des métiers aux individus de chaque espèce ; qui lui fait envisager les espèces mêmes comme des républiques, des royaumes, des empires, est une sorte de prestige qui rend leur feinte existence réelle aux yeux de ses lecteurs. Ratopolis devient une grande capitale ; et l'illusion où il nous amène est le fruit de l'illusion parfaite où il a su se placer lui-même. Ce genre de talent si nouveau, dont ses devanciers n'avoient pas eu besoin pour peindre les premiers traits de nos passions, devient nécessaire à La Fontaine, qui doit en exposer à nos yeux les nuances les plus délicates; autre caractère essentiel, né de ce génie d'observation dont Molière étoit si frappé dans notre fabuliste.

Je pourrois, messieurs, saisir une multitude de rapports entre plusieurs personnages de Molière et d'autres de La Fontaine, montrer entre eux des ressemblances frappantes dans la marche et dans le langage des passions [1]; mais, négligeant les détails de ce genre, j'ose considérer l'auteur des fables d'un point de vue plus élevé. Je ne cède point au vain désir d'exagérer mon sujet, maladie trop commune de nos jours; mais, sans méconnoître l'intervalle immense qui sépare l'art si simple de l'apologue, et l'art si compliqué de la comédie, j'observerai, pour être juste envers La Fontaine,

[1] Qui peint le mieux, par exemple, les effets de la prévention, ou M. de Sotenville repoussant un homme à jeun, et lui disant : *Retirez-vous, vous puez le vin;* ou l'ours qui, s'écartant d'un corps qu'il prend pour un cadavre, se dit à lui-même : *Otons-nous, car il sent?* Et le chien, dont le raisonnement seroit fort bon dans la bouche d'un maître, mais qui, *n'étant que d'un simple chien,* fut trouvé fort mauvais, ne rappelle-t-il pas Sosie?

> Tous les discours sont des sottises,
> Partant d'un homme sans éclat :
> Ce seroient paroles exquises,
> Si c'étoit un grand qui parlât.

On pourroit rapprocher plusieurs traits de cette espèce; mais il suffit d'en citer quelques exemples. La Fontaine est, après la nature et Molière, la meilleure étude d'un poëte comique.

que la gloire d'avoir été avec Molière le peintre le plus fidèle de la nature et de la société, doit rapprocher ici ces deux grands hommes. Molière, dans chacune de ses pièces, ramenant la peinture des mœurs à un objet philosophique, donne à la comédie la moralité de l'apologue : La Fontaine, transportant dans ses fables la peinture des mœurs, donne à l'apologue une des grandes beautés de la comédie, les caractères. Doués tous les deux, au plus haut degré, du génie d'observation, génie dirigé dans l'un par une raison supérieure, guidé dans l'autre par un instinct non moins précieux, ils descendent dans le plus profond secret de nos travers et de nos foiblesses; mais chacun, selon la double différence de son genre et de son caractère, les exprime différemment. Le pinceau de Molière doit être plus énergique et plus ferme ; celui de La Fontaine, plus délicat et plus fin : l'un rend les grands traits avec une force qui le montre comme supérieur aux nuances; l'autre saisit les nuances avec une sagacité qui suppose la science des grands traits. Le poëte comique semble s'être plus attaché aux ridicules, et a peint quelquefois les formes passagères de la société ; le fabuliste semble s'adresser davantage aux vices, et a peint une nature encore plus générale. Le premier me fait plus rire de mon voisin; le second me ramène plus à moi-même. Celui-ci me venge davantage des sottises d'autrui; celui-là me fait mieux songer aux miennes. L'un semble avoir vu les ridicules comme un défaut de bienséance, choquant pour la société; l'autre, avoir vu les vices comme un défaut de raison, fâcheux pour nous-mêmes. Après la lecture du premier, je crains l'opinion publique; après la lecture du second, je crains ma conscience. Enfin l'homme corrigé par Molière, cessant d'être ridicule, pourroit demeurer vicieux : corrigé par La Fontaine, il ne seroit plus ni vicieux ni ridicule; il seroit raisonnable et bon; et nous nous trouverions vertueux, comme La Fontaine étoit philosophe, sans nous en douter.

Tels sont les principaux traits qui caractérisent chacun de ces grands hommes; et si l'intérêt qu'inspirent de tels noms me permet de joindre à ce parallèle quelques circonstances étrangères à leur mérite, j'observerai que, nés l'un et l'autre précisément à la même époque, tous deux sans modèle parmi nous, sans rivaux, sans successeurs, liés pendant la vie d'une amitié constante, la même tombe les réunit après leur mort, et que la même poussière couvre les deux écrivains les plus originaux que la France ait jamais produits [1].

[1] Ils ont été enterrés dans l'église Saint-Joseph, rue Montmartre*. (*Note de Chamfort.*)

* Ceci est une erreur, mais elle est générale : La Fontaine a été enterré au cimetière des Innocents. (Voyez l'*Histoire de sa vie*, in-8°, 1820, p. 500 à 505.)

Mais ce qui distingue La Fontaine de tous les moralistes, c'est la facilité insinuante de sa morale; c'est cette sagesse, naturelle comme lui-même, qui paroît n'être qu'un heureux développement de son instinct. Chez lui, la vertu ne se présente point environnée du cortége effrayant qui l'accompagne d'ordinaire : rien d'affligeant, rien de pénible. Offre-t-il quelque exemple de générosité, quelque sacrifice : il le fait naître de l'amour, de l'amitié, d'un sentiment si simple, si doux, que ce sacrifice même a dû paroître un bonheur. Mais s'il écarte en général les idées tristes d'efforts, de privations, de dévouement, il semble qu'ils cesseroient d'être nécessaires, et que la société n'en auroit plus besoin. Il ne vous parle que de vous-même ou pour vous-même ; et de ses leçons, ou plutôt de ses conseils, naîtroit le bonheur général. Combien cette morale est supérieure à celle de tant de philosophes qui paroissent n'avoir point écrit pour des hommes, et qui *taillent,* comme dit Montaigne, *nos obligations à la raison d'un autre être!* Telles sont en effet la misère et la vanité de l'homme, qu'après s'être mis au-dessus de lui-même par ses vices, il veut ensuite s'élever au-dessus de sa nature par le simulacre imposant des vertus auxquelles il se condamne, et qu'il deviendroit, en réalisant les chimères de son orgueil, aussi méconnoissable à lui-même par sa sagesse, qu'il l'est en effet par sa folie. Mais, après tous ces vains efforts, rendu à sa médiocrité naturelle, son cœur lui répète ce mot d'un vrai sage : que c'est une cruauté de vouloir élever l'homme à tant de perfection. Aussi tout ce faste philosophique tombe-t-il devant la raison simple, mais lumineuse, de La Fontaine. Un ancien osoit dire qu'il faut combattre souvent les lois par la nature : c'est par la nature que La Fontaine combat les maximes outrées de la philosophie. Son livre est la loi naturelle en action : c'est la morale de Montaigne épurée dans une âme plus douce, rectifiée par un sens encore plus droit, embellie des couleurs d'une imagination plus aimable, moins forte peut-être, mais non pas moins brillante.

N'attendez point de lui ce fastueux mépris de la mort, qui, parmi quelques leçons d'un courage trop souvent nécessaire à l'homme, a fait débiter aux philosophes tant d'orgueilleuses absurdités. Tout sentiment exagéré n'avoit point de prise sur son âme, s'en écartoit naturellement; et la facilité même de son caractère sembloit l'en avoir préservé. La Fontaine n'est point le poëte de l'héroïsme : il est celui de la vie commune, de la raison vulgaire. Le travail, la vigilance, l'économie, la prudence sans inquiétude, l'avantage de vivre avec ses égaux, le besoin qu'on peut avoir de ses inférieurs, la modération, la retraite, voilà ce qu'il aime et ce qu'il fait aimer. L'amour, cet objet de tant de déclamations,

<blockquote>Ce mal qui peut-être est un bien,</blockquote>

dit La Fontaine, il le montre comme une foiblesse naturelle et intéressante. Il n'affecte point ce mépris pour l'espèce humaine, qui aiguise la satire mordante de Lucien, qui s'annonce hardiment dans les écrits de Montaigne, se découvre dans la folie de Rabelais, et perce quelquefois même dans l'enjouement d'Horace. Ce n'est point cette austérité qui appelle, comme dans Boileau, la plaisanterie au secours d'une raison sévère, ni cette dureté misanthropique de La Bruyère et de Pascal, qui, portant le flambeau dans l'abîme du cœur humain, jette une lueur effrayante sur ses tristes profondeurs. Le mal qu'il peint, il le rencontre : les autres l'ont cherché. Pour eux, nos ridicules sont des ennemis dont ils se vengent : pour La Fontaine, ce sont des passants incommodes dont il songe à se garantir ; il rit, et ne hait point [1]. Censeur assez indulgent de nos foiblesses, l'avarice est de tous nos travers celui qui paroît le plus révolter son bon sens naturel. Mais s'il n'éprouve et n'inspire point

<blockquote>Ces haines vigoureuses
Que doit donner le vice aux âmes vertueuses,</blockquote>

[1] *Ridet et odit.* JUVÉNAL.

au moins préserve-t-il ses lecteurs du poison de la misanthropie, effet ordinaire de ces haines. L'âme, après la lecture de ses ouvrages, calme, reposée, et, pour ainsi dire, rafraîchie comme au retour d'une promenade solitaire et champêtre, trouve en soi-même une compassion douce pour l'humanité, une résignation tranquille à la Providence, à la nécessité, aux lois de l'ordre établi; enfin l'heureuse disposition de supporter patiemment les défauts d'autrui, et même les siens; leçon qui n'est peut-être pas une des moindres que puisse donner la philosophie.

Ici, messieurs, je réclame pour La Fontaine l'indulgence dont il a fait l'âme de sa morale; et déjà l'auteur des fables a sans doute obtenu la grâce de l'auteur des contes : grâce que ses derniers moments ont encore mieux sollicitée. Je le vois, dans son repentir, imitant en quelque sorte ce héros dont il fut estimé [1], qu'un peintre ingénieux nous représente déchirant de son histoire le récit des exploits que sa vertu condamnoit; et si le zèle d'une pieuse sévérité reprochoit encore à La Fontaine une erreur qu'il a pleurée lui-même, j'observerois qu'elle prit sa source dans l'extrême simplicité de son caractère; car c'est lui qui, plus que Boileau,

> Fit, sans être malin, ses plus grandes malices;
> BOILEAU.

[1] Le grand Condé.

je remarquerois que les écrits de ce genre ne passèrent long-temps que pour des jeux d'esprit, des *joyeusetés folâtres*, comme le dit Rabelais dans un livre plus licencieux, devenu la lecture favorite, et publiquement avouée, des hommes les plus graves de la nation; j'ajouterois que la reine de Navarre, princesse d'une conduite irréprochable, et même de mœurs austères, publia des contes beaucoup plus libres, sinon par le fond, du moins par la forme, sans que la médisance se permît, même à la cour, de soupçonner sa vertu. Mais, en abandonnant une justification trop difficile de nos jours, s'il est vrai que la décence dans les écrits augmente avec la licence des mœurs, bornons-nous à rappeler que La Fontaine donna dans ses contes le modèle de la narration badine; et, puisque je me permets d'anticiper ici sur ce que je dois dire de son style et de son goût, observons qu'il eut sur Pétrone, Machiavel, et Bocace, malgré leur élégance et la pureté de leur langage, cette même supériorité que Boileau, dans sa dissertation sur Joconde, lui donne sur l'Arioste lui-même. Et, parmi ses successeurs, qui pourroit-on lui comparer? Seroit-ce ou Vergier, ou Grécourt, qui dans la foiblesse de leur style, négligeant de racheter la liberté du genre par la décence de l'expression, oublient que les Grâces, pour être sans voile, ne sont pourtant pas sans pudeur? ou Sénecé, estimable pour ne s'être pas traîné sur les

traces de La Fontaine en lui demeurant inférieur ?
ou l'auteur de la *Métromanie*, dont l'originalité,
souvent heureuse, paroît quelquefois trop bizarre ?
Non, sans doute, et il faut remonter jusqu'au plus
grand poëte de notre âge ; exception glorieuse à
La Fontaine lui-même, et pour laquelle il désa-
voueroit le sentiment qui lui dicta l'un de ses plus
jolis vers :

<blockquote>L'or se peut partager, mais non pas la louange.</blockquote>

Où existoit avant lui, du moins au même degré,
cet art de préparer, de fonder comme sans dessein les incidents ; de généraliser des peintures
locales ; de ménager au lecteur ces surprises qui
font l'âme de la comédie ; d'animer ses récits par
cette gaieté de style qui est une nuance du style
comique, relevée par les grâces d'une poésie légère qui se montre et disparoît tour à tour ? Que
dirai-je de cet art charmant de s'entretenir avec
son lecteur, de se jouer de son sujet, de changer
ses défauts en beautés, de plaisanter sur les ob-
jections, sur les invraisemblances ; talent d'un
esprit supérieur à ses ouvrages, et sans lequel on
demeure trop souvent au-dessous ? Telle est la
portion de sa gloire que La Fontaine vouloit sa-
crifier ; et j'aurois essayé moi-même d'en dérober le
souvenir à mes juges, s'ils n'admiroient en hommes
de goût ce qu'ils réprouvent par des motifs res-

pectables, et si je n'étois forcé d'associer ses contes à ses apologues, en m'arrêtant sur le style de cet immortel écrivain.

SECONDE PARTIE.

Si jamais on a senti à quelle hauteur le mérite du style et l'art de la composition pouvoient élever un écrivain, c'est par l'exemple de La Fontaine. Il régne dans la littérature une sorte de convention qui assigne les rangs d'après la distance reconnue entre les différents genres, à peu près comme l'ordre civil marque les places dans la société d'après la différence des conditions; et quoique la considération d'un mérite supérieur puisse faire déroger à cette loi, quoiqu'un écrivain parfait dans un genre subalterne soit souvent préféré à d'autres écrivains d'un genre plus élevé, et qu'on néglige Stace pour Tibulle, ce même Tibulle n'est point mis à côté de Virgile. La Fontaine seul, environné d'écrivains dont les ouvrages présentent tout ce qui peut réveiller l'idée de génie, l'invention, la combinaison des plans, la force et la noblesse du style; La Fontaine paroît avec des ouvrages de peu d'étendue, dont le fond est rarement à lui, et dont le style est ordinairement familier; *le bonhomme* se place parmi tous ces grands écrivains, comme l'avoit prévu Molière, et conserve au milieu d'eux le surnom d'inimitable. C'est une révolution qu'il a opérée dans les idées reçues, et qui n'aura peut-être d'effet que pour lui; mais elle prouve au moins que, quelles que soient les conventions littéraires qui distribuent les rangs, le génie garde une place distinguée à quiconque viendra, dans quelque genre que ce puisse être, instruire et enchanter les hommes. Qu'importe en effet de quel ordre soient les ouvrages, quand ils offrent des beautés du premier ordre? D'autres auront atteint la perfection de leur genre, le fabuliste aura élevé le sien jusqu'à lui.

Le style de La Fontaine est peut-être ce que l'histoire littéraire de tous les siècles offre de plus étonnant. C'est à lui seul qu'il étoit réservé de faire admirer, dans la brièveté d'un apologue, l'accord des nuances les plus tranchantes, et l'harmonie des couleurs les plus opposées. Souvent une seule fable réunit la naïveté de Marot, le badinage et l'esprit de Voiture, des traits de la plus haute poésie, et plusieurs de ces vers que la force du sens grave à jamais dans la mémoire. Nul auteur n'a mieux possédé cette souplesse de l'âme et de l'imagination qui suit tous les mouvements de son sujet. Le plus familier des écrivains devient tout à coup et naturellement le traducteur de Virgile ou de Lucrèce; et les objets de la vie commune sont relevés chez lui par ces tours nobles et cet heureux choix d'expressions qui les rendent dignes du poëme épique. Tel est l'artifice de son style, que toutes ces beautés semblent se placer d'elles-mêmes dans sa narration, sans interrompre ni retarder sa marche. Souvent même la description la plus riche, la plus brillante, y devient nécessaire, et ne paroît, comme dans la fable *du Chéne et du Roseau,* dans celle *du Soleil et de Borée,* que l'exposé même du fait qu'il raconte. Ici, messieurs, le poëte des Grâces m'arrête et m'interdit en leur nom les détails et la sécheresse de l'analyse. Si l'on a dit de Montaigne qu'il faut le montrer et non le peindre, le transcrire et non le décrire, ce jugement n'est-il pas plus applicable à La Fontaine? Et combien de fois en effet n'a-t-il pas été transcrit? Mes juges me pardonneroient-ils d'offrir à leur admiration cette foule de traits présents au souvenir de tous ses lecteurs, et répétés dans tous ces livres consacrés à notre éducation, comme le livre qui les a fait naître? Je suppose en effet que mes rivaux relèvent : l'un l'heureuse alliance de ses expressions, la hardiesse et la nouveauté de ses figures d'autant plus étonnantes qu'elles paroissent plus simples; que l'autre fasse valoir ce charme continu du style qui réveille une foule de sentiments, embellit de couleurs si riches et si variées tous les contrastes que lui présente son sujet, m'intéresse à des bourgeons gâtés par un écolier, m'attendrit sur le sort de l'aigle qui vient de perdre

> Ses œufs, ses tendres œufs, sa plus douce espérance ;

qu'un troisième vous vante l'agrément et le sel de sa plaisanterie qui rapproche si naturellement les grands et les petits objets, voit tour à tour, dans un renard, Patrocle, Ajax, Annibal; Alexandre dans un chat; rappelle, dans le combat de deux coqs pour une poule, la guerre de Troie pour Hélène; met de niveau Pyrrhus et la laitière; se représente dans la querelle de deux chèvres qui se disputent le pas, fières de leur généalogie si poétique et si plaisante, Philippe IV et Louis XIV s'avançant dans l'île de la Conférence : que prouveront-ils ceux qui vous offriront tous ces traits, sinon que des remarques devenues communes peuvent être plus ou moins heureusement rajeunies par le mérite de l'expression ? Et, d'ailleurs, comment peindre un poëte qui souvent semble s'abandonner comme dans une conversation facile; qui, citant Ulysse à propos des voyages d'une tortue, s'étonne lui-même de le trouver là; dont les beautés paroissent quelquefois une heureuse rencontre, et possèdent ainsi, pour me servir d'un mot qu'il aimoit, *la grâce de la soudaineté ;* qui s'est fait une langue et une poétique particulières;

dont le tour est naïf quand sa pensée est ingénieuse, l'expression simple quand son idée est forte ; relevant ses grâces naturelles par cet attrait piquant qui leur prête ce que la physionomie ajoute à la beauté; qui se joue sans cesse de son art; qui, à propos de la tardive maternité d'une alouette, me peint les délices du printemps, les plaisirs, les amours de tous les êtres, et met l'enchantement de la nature en contraste avec le veuvage d'un oiseau?

Pour moi, sans insister sur ces beautés différentes, je me contenterai d'indiquer les sources principales d'où le poëte les a vues naître; je remarquerai que son caractère distinctif est cette étonnante aptitude à se rendre présent à l'action qu'il nous montre; à donner à chacun de ses personnages un caractère particulier dont l'unité se conserve dans la variété de ses fables, et le fait reconnoître partout. Mais une autre source de beautés bien supérieures, c'est cet art de savoir, en paroissant vous occuper de bagatelles, vous placer d'un mot dans un grand ordre de choses. Quand le loup, par exemple, accusant, auprès du lion malade, l'indifférence du renard sur une santé si précieuse,

<small>Daube, au coucher du roi, son camarade absent,</small>

suis-je dans l'antre du lion? suis-je à la cour? Combien de fois l'auteur ne fait-il pas naître du fond de ses sujets, si frivoles en apparence, des détails qui se lient comme d'eux-mêmes aux objets les plus importants de la morale, et aux plus grands intérêts de la société ! Ce n'est pas une plaisanterie d'affirmer que la dispute du lapin et de la belette qui s'est emparée d'un terrier dans l'absence du maître, l'une faisant valoir la raison du premier occupant et se moquant des prétendus droits de Jean Lapin, l'autre réclamant les droits de succession transmis au susdit Jean par Pierre et Simon ses aïeux, nous offre précisément le résultat de tant de gros ouvrages sur la propriété. Et La Fontaine faisant dire à la belette,

> Et quand ce seroit un royaume?

disant lui-même ailleurs,

> Mon sujet est petit, cet accessoire est grand,

ne me force-t-il point d'admirer avec quelle adresse il me montre les applications générales de son sujet dans le badinage même de son style? Voilà sans doute un de ses secrets; voilà ce qui rend sa lecture si attachante, même pour les esprits les plus élevés : c'est qu'à propos du dernier insecte, il se trouve, plus naturellement qu'on ne croit, près d'une grande idée, et qu'en effet il touche au sublime en parlant de la fourmi. Et craindrois-je d'être égaré par mon admiration pour La Fontaine, si j'osois dire que le système abstrait, *tout est bien*, paroît peut-être plus vraisemblable, et surtout plus clair, après le discours de Garo dans la fable *de la Citrouille et du Gland*, qu'après la lecture de Leibnitz et de Pope lui-même?

S'il sait quelquefois simplifier ainsi les questions les plus compliquées, avec quelle facilité la morale ordinaire doit-elle se placer dans ses écrits ! Elle y naît sans effort, comme elle s'y montre sans faste; car La Fontaine ne se donne point pour un philosophe : il semble même avoir craint de le paroître. C'est en effet ce qu'un poëte doit le plus dissimuler, c'est, pour ainsi dire, son secret; et il ne doit le laisser surprendre qu'à ses lecteurs les plus assidus et admis à sa confiance intime. Aussi La Fontaine ne veut-il être qu'un homme, et même un homme ordinaire. Peint-il les charmes de la beauté,

> Un philosophe, un marbre, une statue,
> Auroient senti *comme nous* ces plaisirs.

C'est surtout quand il vient de reprendre quelques-uns de nos travers qu'il se plaît à faire cause commune avec nous, et à devenir le disciple des animaux qu'il a fait parler. Veut-il faire la satire d'un vice, il raconte simplement ce que ce vice fait faire au personnage qui en est atteint; et voilà la satire faite. C'est du dialogue, c'est des actions, c'est des passions des animaux que sortent les leçons qu'il nous donne. Nous en adresse-t-il directement, c'est la raison qui parle avec une dignité modeste et tranquille. Cette bonté naïve qui jette tant d'intérêt sur la plupart de ses ouvrages, le ramène sans cesse au genre d'une poésie simple qui adoucit l'éclat d'une grande idée, la fait descendre jusqu'au vulgaire par la familiarité de l'expression, et rend la sagesse plus persuasive en la rendant plus accessible. Pénétré lui-même de tout ce qu'il dit, sa bonne foi devient son éloquence, et produit cette vérité de style qui communique tous les mouvements de l'écrivain. Son sujet le conduit à répandre la plénitude de ses pensées, comme il épanche l'abondance de ses sentiments, dans cette fable charmante où la peinture du bonheur de deux pigeons attendrit par degrés son âme, lui rappelle les souvenirs les plus chers, et lui inspire le regret des illusions qu'il a perdues.

Je n'ignore pas qu'un préjugé vulgaire croit ajouter à la gloire du fabuliste en le représentant comme un poëte qui, dominé par un instinct aveugle et involontaire, fut dispensé par la nature du soin d'ajouter à ses dons, et de qui l'heureuse indolence cueilloit nonchalamment des fleurs qu'il n'avoit point fait naître. Sans doute La Fontaine dut beaucoup à la nature qui lui prodigua la sensibilité la plus aimable, et tous les trésors de l'imagination ; sans doute le *fablier* étoit né pour porter des fables : mais par combien de soins cet arbre si précieux n'avoit-il pas été cultivé ! Qu'on se rappelle cette foule de préceptes du goût le plus fin et le plus exquis, répandus dans ses préfaces et dans ses ouvrages ; qu'on se rappelle ce vers si heureux qu'il met dans la bouche d'Apollon lui-même :

Il me faut du nouveau, n'en fût-il plus au monde ;

doutera-t-on que La Fontaine ne l'ait cherché, et que la gloire, ainsi que la fortune, ne vende *ce qu'on croit qu'elle donne ?* Si ses lecteurs, séduits par la facilité de ses vers, refusent d'y reconnoître les soins d'un art attentif, c'est précisément ce qu'il a désiré. Nier son travail, c'est lui en assurer la plus belle récompense. O La Fontaine ! ta gloire en est plus grande : le triomphe de l'art est d'être ainsi méconnu.

Et comment ne pas apercevoir ses progrès et ses études dans la marche même de son esprit ? Je vois cet homme extraordinaire, doué d'un talent qu'à la vérité il ignore lui-même jusqu'à vingt-deux ans, s'enflammer tout à coup à la lecture d'une ode de Malherbe, comme Mallebranche à celle d'un livre de Descartes, et sentir cet enthousiasme d'une âme qui, voyant de plus près la gloire, s'étonne d'être née pour elle. Mais pourquoi Malherbe opéra-t-il le prodige refusé à la lecture d'Horace et de Virgile? C'est que La Fontaine les voyoit à une trop grande distance ; c'est qu'ils ne lui montroient pas, comme le poëte françois, quel usage on pouvoit faire de cette langue qu'il devoit lui-même illustrer un jour. Dans son admiration pour Malherbe, auquel il devoit, si je puis parler ainsi, sa naissance poétique, il le prit d'abord pour son modèle; mais, bientôt revenu au ton qui lui appartenoit, il s'aperçut qu'une naïveté fine et piquante étoit le vrai caractère de son esprit; caractère qu'il cultiva par la lecture de Rabelais, de Marot, et de quelques-uns de leurs contemporains. Il parut ainsi faire rétrograder la langue, quand les Bossuet, les Racine, les Boileau, en avançoient le progrès par l'élévation et la noblesse de leur style : mais elle ne s'enrichissoit pas moins dans les mains de La Fontaine, qui lui rendoit les biens qu'elle avoit laissé perdre; et qui, comme certains curieux, rassemblant avec soin des monnoies antiques, se composoit un véritable trésor. C'est dans notre langue ancienne qu'il puisa ces expressions imitatives ou pittoresques qui présentent sa pensée avec toutes les nuances accessoires; car nul auteur n'a mieux senti le besoin *de rendre son âme visible* : c'est le terme dont il se sert pour exprimer un des attributs de la poésie. Voilà toute sa poétique, à laquelle il paroît avoir sacrifié tous les préceptes de la poétique ordinaire et de notre versification, dont ses écrits sont un modèle, souvent même parce qu'il en brave les règles. Eh! le goût ne peut-il pas les enfreindre, comme l'équité s'élève au-dessus des lois?

Cependant La Fontaine étoit né poëte, et cette partie de ses talents ne pouvoit se développer dans les ouvrages dont il s'étoit occupé jusqu'alors. Il la cultivoit par la lecture des modèles de l'Italie ancienne et moderne, par l'étude de la nature et de ceux qui l'ont su peindre. Je ne dois point dissimuler le reproche fait à ce rare écrivain par le plus grand poëte de nos jours, qui refuse ce titre de peintre à La Fontaine. Je sens comme il convient le poids d'une telle autorité; mais celui qui loue La Fontaine seroit indigne d'admirer son critique, s'il ne se permettoit d'observer que l'auteur des fables, sans multiplier ces tableaux où le poëte s'annonce à dessein comme peintre, n'a pas laissé d'en mériter le nom. Il peint rapidement et d'un trait : il peint par le mouvement de ses vers, par la variété de ses mesures et de ses repos, et surtout par l'harmonie imitative. Des figures vraies et frappantes; mais peu de bordure et point de cadre : voilà La Fontaine. Sa muse aimable et nonchalante rappelle ce riant tableau de l'Aurore[1] dans un de ses poëmes où il représente cette jeune déesse qui, se balançant dans les airs,

> La tête sur son bras, et son bras sur la nue,
> Laisse tomber des fleurs, et ne les répand pas.

Cette description charmante est à la fois une réponse à ses censeurs, et l'image de sa poésie.

Ainsi se formèrent par degrés les divers talents de La Fontaine, qui tous se réunirent enfin dans ses fables. Mais elles ne purent être que le fruit de sa maturité : c'est qu'il faut du temps à de certains esprits pour connoître les qualités différentes dont l'assemblage forme leur vrai caractère, les combiner, les assortir, fortifier ces traits primitifs par l'imitation des écrivains qui ont avec eux quelque ressemblance, et pour se montrer enfin tout entiers dans un genre propre à déployer la variété de leurs talents. Jusqu'alors l'auteur, ne faisant pas usage de tous ses moyens, ne se présente point avec tous ses avantages. C'est un athlète doué d'une force réelle, mais qui n'a point encore appris à se placer dans une attitude qui puisse la développer tout entière. D'ailleurs, les ouvrages qui, tels que les fables de La Fontaine, demandent une grande connoissance du cœur humain et du système de la

---

[1] Il est question de la Nuit, et non de l'Aurore, dans les vers de La Fontaine.

société, exigent un esprit mûri par l'étude et par l'expérience ; mais aussi, devenus une source féconde de réflexions, ils rappellent sans cesse le lecteur, auquel ils offrent de nouvelles beautés et une plus grande richesse de sens à mesure qu'il a lui-même par sa propre expérience étendu la sphère de ses idées : et c'est ce qui nous ramène si souvent à Montaigne, à Molière et à La Fontaine.

Tels sont les principaux mérites de ces écrits,

Toujours plus beaux, plus ils sont regardés,
BOILEAU.

et qui, mettant l'auteur des fables au-dessus de son genre même, me dispensent de rappeler ici la foule de ses imitateurs étrangers ou françois : tous se déclarent trop honorés de le suivre de loin ; et, s'il eut la bêtise, suivant l'expression de M. de Fontenelle, de se mettre au-dessous de Phèdre, ils ont l'esprit de se mettre au-dessous de La Fontaine, et d'être aussi modestes que ce grand homme. Un seul, plus confiant, s'est permis l'espérance de lutter avec lui ; et cette hardiesse, non moins que son mérite réel, demande peut-être une exception. Lamotte, qui conduisit son esprit partout, parce que son génie ne l'emporta nulle part ; Lamotte fit des fables... O La Fontaine ! la révolution d'un siècle n'avoit point encore appris à la France combien tu étois un homme rare ; mais, après un moment d'illusion, il fallut bien voir qu'un philosophe froidement ingénieux, ne joignant à la finesse ni le naturel,

Ni la grâce plus belle encor que la beauté ;

ne possédant point *ce qui plaît plus d'un jour;* dissertant sur son art et sur la morale; laissant percer l'orgueil de descendre jusqu'à nous, tandis que son devancier paroît se trouver naturellement à notre niveau; tâchant d'être naïf, et prouvant qu'il a dû plaire; foible avec recherche, quand La Fontaine ne l'est jamais que par négligence; ne pouvoit être le rival d'un poëte simple, souvent sublime, toujours vrai, qui laisse dans le cœur le souvenir de tout ce qu'il dit à la raison, joint à *l'art de plaire* celui *de n'y penser pas*, et dont les fautes quelquefois heureuses font appliquer à son talent ce qu'il a dit d'une femme aimable :

La négligence, à mon gré, si requise,
Pour cette fois fut sa dame d'atours.

Aussi tous les reproches qu'on a pu lui faire sur quelques longueurs, sur quelques incorrections, n'ont point affoibli le charme qui ramène sans cesse à lui, qui le rend aimable pour toutes les nations, et pour tous les âges, sans en excepter l'enfance. Quel prestige peut fixer ainsi tous les esprits et tous les goûts? qui peut frapper les enfants, d'ailleurs si incapables de sentir tant de beautés? C'est la simplicité de ces formules où ils retrouvent la langue de la conversation; c'est le jeu presque théâtral de ces scènes si courtes et si animées; c'est l'intérêt qu'il leur fait prendre à ses personnages en les mettant sous leurs yeux : illusion qu'on ne retrouve plus chez ses imitateurs, qui ont beau appeler un singe Bertrand et un chat Raton, ne montrent jamais ni un chat ni un singe. Qui peut frapper tous les peuples? C'est ce fonds de raison universelle répandu dans ses fables; c'est ce tissu de leçons convenables à tous les états de la vie; c'est cette intime liaison de petits objets à de grandes vérités : car nous n'osons penser que tous les esprits puissent sentir les grâces de ce style qui s'évanouissent dans une traduction; et si on lit La Fontaine dans la langue originale, n'est-il pas vraisemblable qu'en supposant aux étrangers la plus grande connoissance de cette langue, les grâces de son style doivent toujours être mieux senties chez un peuple où l'esprit de société, vrai caractère de la nation, rapproche les rangs sans les confondre; où, le supérieur voulant se rendre agréable sans trop descendre, l'inférieur plaire sans s'avilir, l'habitude de traiter avec tant d'espèces différentes d'amour-propre, de ne point les heurter dans la crainte d'en être blessés nous-mêmes, donne à l'esprit ce tact rapide, cette sagacité prompte, qui saisit les nuances les plus fines des idées d'autrui, présente les siennes dans le jour le plus convenable, et lui fait apprécier dans les ouvrages d'agrément les finesses de la langue, les bienséances du style, et ces convenances générales dont le sentiment se perfectionne par le grand usage de la société? S'il est ainsi, comment les étrangers, supérieurs à nous sur tant d'objets, et si respectables d'ailleurs, pourroient-ils?... Mais quoi! puis-je hasarder cette opinion lorsqu'elle est réfutée d'avance par l'exemple d'un étranger qui signale aux yeux de l'Europe son admiration pour La Fontaine? Sans doute cet étranger illustre, si bien naturalisé parmi nous, sent toutes les grâces de ce style enchanteur. La préférence qu'il accorde à notre fabuliste sur tant de grands hommes, dans le zèle qu'il montre pour sa mémoire, en est elle-même une preuve; à moins qu'on ne l'attribue en partie à l'intérêt qu'inspirent sa personne et son caractère [1].

TROISIÈME PARTIE.

Un homme ordinaire, qui auroit dans le cœur les sentiments aimables dont l'expression est si intéressante dans les écrits de La Fontaine, seroit cher à tous ceux qui le connoîtroient; mais le fa-

---

[1] On sait qu'un étranger demanda à l'académie de Marseille la permission de joindre la somme de deux mille livres à la médaille académique.

buliste avoit pour eux (et ce charme n'est point tout-à-fait perdu pour nous) un attrait encore plus piquant : c'est d'être l'homme tel qu'il paroît être sorti des mains de la nature. Il semble qu'elle l'ait fait naître pour l'opposer à l'homme tel qu'il se compose dans la société, et qu'elle lui ait donné son esprit et son talent pour augmenter le phénomène et le rendre plus remarquable par la singularité du contraste. Il conserva jusqu'au dernier moment tous les goûts simples, qui supposent l'innocence des mœurs et la douceur de l'âme. Il a lui-même essayé de se peindre en partie dans son roman de *Psyché,* où il représente la variété de ses goûts, sous le nom de *Polyphile,* qui aime *les jardins, les fleurs, les ombrages, la musique, les vers, et réunit toutes ces passions douces qui remplissent le cœur d'une certaine tendresse.* On ne peut assez admirer ce fonds de bienveillance générale qui l'intéresse à tous les êtres vivants ;

Hôtes de l'univers, sous le nom d'animaux :

c'est sous ce point de vue qu'il les considère. Cette habitude de voir dans les animaux des membres de la société universelle, enfants d'un même père, disposition si étrange dans nos mœurs, mais commune dans les siècles reculés, comme on peut le voir par Homère, se retrouve encore chez plusieurs Orientaux. La Fontaine est-il bien éloigné de cette disposition? lorsque, attendri par le malheur des animaux qui périssent dans une inondation, châtiment des crimes des hommes, il s'écrie par la bouche d'un vieillard :

> Les animaux périr! car encor les humains,
> Tous devoient succomber sous les célestes armes.

Il étend même cette sensibilité jusqu'aux plantes, qu'il anime non-seulement par ces traits hardis qui montrent toute la nature vivante sous les yeux d'un poëte, et qui ne sont que des figures d'expression, mais par le ton affectueux d'un vif intérêt qu'il déclare lui-même, lorsque, voyant le cerf brouter la vigne qui l'a sauvé, il s'indigne

> . . . . Que de si doux ombrages
> Soient exposés à ces outrages.

Seroit-il impossible qu'il eût senti lui-même le prix de cette partie de son caractère, et qu'averti par ses premiers succès, il l'eût soigneusement cultivée? Non, sans doute; car cet homme, qu'on a cru[1] inconnu à lui-même, déclare formellement qu'il étudioit sans cesse le goût du public, c'est-à-dire tous les moyens de plaire. Il est vrai que, quoiqu'il se soit formé sur son art une théorie très-fine et très-profonde, quoiqu'il eût reçu de la nature ce coup d'œil qui fit donner à Molière

---

[1] Ce La Fontaine à lui seul inconnu.
MARMONTEL, *Épître aux poëtes.*

le nom de *contemplateur*, sa philosophie, si admirable dans les développements du cœur humain, ne s'éleva point jusqu'aux généralités qui forment les systèmes : de là quelques incertitudes dans ses principes, quelques fables dont le résultat n'est point irrépréhensible, et où la morale paroît trop sacrifiée à la prudence ; de là quelques contradictions sur différents objets de politique et de philosophie. C'est qu'il laisse indécises les questions épineuses, et prononce rarement sur ces problèmes dont la solution n'est point dans le cœur et dans un fonds de raison universelle. Sur tous les objets de ce genre qui sont absolument hors de lui, il s'en rapporte volontiers à Plutarque et à Platon, et n'entre point dans les disputes des philosophes ; mais, toutes les fois qu'il a véritablement une manière de sentir personnelle, il ne consulte que son cœur, et ne s'en laisse imposer ni par de grands mots ni par de grands noms. Sénèque, en nous conservant le mot de Mécénas qui veut vivre absolument, dût-il vivre goutteux, impotent, perclus, a beau invectiver contre cet opprobre ; La Fontaine ne prend point le change : il admire ce trait avec une bonne foi plaisante ; il le juge digne de la postérité. Selon lui, *Mécénas fut un galant homme*, et je reconnois celui qui déclare plus d'une fois vouloir vivre un siècle tout au moins.

Cette même incertitude de principes, il faut en convenir, passa même quelquefois dans sa conduite : toujours droit, toujours bon sans effort, il n'a point à lutter contre lui-même; mais a-t-il un mouvement blâmable, il succombe et cède sans combat. C'est ce qu'on put remarquer dans sa querelle avec Furetière et avec Lulli, par lequel il s'étoit vu trompé, et, comme il dit, *enquinaudé;* car on ne peut dissimuler que l'auteur des fables n'ait fait des opéras peu connus : le ressentiment qu'il conçut contre la mauvaise foi de cet Italien lui fit trouver dans *le peu qu'il avoit de bile* de quoi faire une satire violente, et sa gloire est qu'on puisse en être si étonné; mais, après ce premier mouvement, redevenu La Fontaine, il reprit son caractère véritable, qui étoit celui d'un enfant, dont en effet il venoit de montrer la colère. Ce n'est pas un spectacle sans intérêt que d'observer les mouvements d'une âme qui, conservant même dans le monde les premiers traits de son caractère, sembla toujours n'obéir qu'à l'instinct de la nature. Il connut et sentit les passions; et tandis que la plupart des moralistes les considéroient comme des ennemis de l'homme, il les regarda comme les ressorts de notre âme, et en devint même l'apologiste. Cette idée, que les philosophes ennemis des stoïciens avoient rendue familière à l'antiquité, paroissoit de son temps une idée nouvelle; et si l'auteur des fables la développa quelquefois avec plaisir, c'est qu'elle étoit pour lui une vérité de sentiment, c'est que des passions modérées étoient les instruments de son bonheur. Sans doute le philosophe, dont la rigide sévérité voulut les anéantir en soi-même, s'indignoit d'être entraîné par elles, et les redoutoit comme l'intempérant craint quelquefois les festins. La Fontaine, défendu par la nature contre le danger d'abuser de ses dons, se laissa guider sans crainte à des penchants qui l'égarèrent quelquefois, mais sans le conduire au précipice. L'amour, cette passion qui parmi nous se compose de tant d'autres, reprit dans son âme sa simplicité naturelle : fidèle à l'objet de son goût, mais inconstant dans ses goûts, il paroît que ce qu'il aima le plus dans les femmes fut celui de leurs avantages dont elles sont elles-mêmes le plus éprises, leur beauté. Mais le sentiment qu'elle lui inspira, doux comme l'âme qui l'éprouvoit, s'embellit des grâces de son esprit, et la plus aimable sensibilité prit le ton de la galanterie la plus tendre. Qui a jamais rien dit de plus flatteur pour le sexe que le sentiment exprimé dans ces vers :

> Ce n'est point près des rois que l'on fait sa fortune :
> Quelque ingrate beauté qui nous donne des lois,
> Encore en tire-t-on un souris quelquefois.

C'est ce goût pour les femmes, dont il parle sans

cesse, comme l'Arioste, en bien et en mal, qui lui dicta ses contes, se reproduisit sans danger et avec tant de grâces dans ses fables mêmes, et conduisit sa plume dans son roman de Psyché. Cette déesse nouvelle, que le conte ingénieux d'Apulée n'avoit pu associer aux anciennes divinités de la poésie, reçut de la brillante imagination de La Fontaine une existence égale à celle des dieux d'Hésiode et d'Homère, et il eut l'honneur de créer comme eux une divinité. Il se plut à réunir en elle seule toutes les foiblesses des femmes, et, comme il le dit, leurs trois plus grands défauts : la vanité, la curiosité, et le trop d'esprit ; mais il l'embellit en même temps de toutes les grâces de ce sexe enchanteur. Il la place ainsi au milieu des prodiges de la nature et de l'art, qui s'éclipsent tous auprès d'elle. Ce triomphe de la beauté, qu'il a pris tant de plaisir à peindre, demande et obtient grâce pour les satires qu'il se permet contre les femmes, satires toujours générales ; et dans cette Psyché même, il place au Tartare

> Ceux dont les vers ont noirci quelque belle.

Aussi ses vers et sa personne furent-ils également accueillis de ce sexe aimable, d'ailleurs si bien vengé de la médisance par le sentiment qui en fait médire. On a remarqué que trois femmes furent ses bienfaitrices, parmi lesquelles il faut compter cette fameuse duchesse de Bouillon, qui, séduite par cet esprit de parti fléau de la littérature, se déclara si hautement contre Racine; car ce grand tragique, qu'on a depuis appelé le poëte des femmes, ne put obtenir le suffrage des femmes les plus célèbres de son siècle, qui toutes s'intéressoient à la gloire de La Fontaine. La gloire fut une de ses passions les plus constantes; il nous l'apprend lui-même :

Un vain bruit et l'amour ont occupé mes ans;

et, dans les illusions de l'amour même, cet autre sentiment conservoit des droits sur son cœur.

Adieu, plaisirs, honneurs, louange bien-aimée!

s'écrioit-il dans le regret que lui laissoient les moments perdus pour sa réputation. Ce ne fut pas sans doute une passion malheureuse : il jouit de cette gloire si chère, et ses succès le mirent au nombre de ces hommes rares à qui le suffrage public donne le droit de se louer eux-mêmes sans affliger l'amour-propre d'autrui. Il faut convenir qu'il usa quelquefois de cet avantage; car, tout étonnant que paroît La Fontaine, il ne fut pourtant pas sans vanité : mais, ne se louant que pour promettre à ses amis

Un temple dans ses vers.

Pour rendre son encens plus digne d'eux, sa vanité

même devint intéressante, et ne parut que l'aimable épanchement d'une âme naïve qui veut associer ses amis à sa renommée. Ne croiroit-on pas encore qu'il a voulu réclamer contre les portraits qu'on s'est permis de faire de sa personne, lorsqu'il ose dire :

> Qui n'admettroit Anacréon chez soi ?
> Qui banniroit Waller et La Fontaine ?

Est-il vraisemblable, en effet, qu'un homme admis chez les Conti, les Vendôme, et parmi tant de sociétés illustres, fût tel que nous le représente une exagération ridicule, sur la foi de quelques réponses naïves échappées à ses distractions? La grandeur encourage, l'orgueil protége, la vanité cite un auteur illustre, mais la société n'appelle ou n'admet que celui qui sait plaire; et les Chaulieu, les Lafare, avec lesquels il vivoit familièrement, n'ignoroient pas l'ancienne méthode de négliger la personne en estimant les écrits. Leur société, leur amitié, les bienfaits des princes de Conti et de Vendôme, et dans la suite ceux de l'auguste élève de Fénélon, récompensèrent le mérite de La Fontaine, et le consolèrent de l'oubli de la cour, s'il y pensa.

C'est une singularité bien frappante de voir un écrivain tel que lui, né sous un roi dont les bienfaits allèrent étonner les savants du Nord, vivre négligé, mourir pauvre, et près d'aller, dans sa caducité, chercher loin de sa patrie les secours nécessaires à la simple existence : c'est qu'il porta toute sa vie la peine de son attachement à Fouquet, ennemi du grand Colbert. Peut-être n'eût-il pas été indigne de ce ministre célèbre de ne pas punir une reconnoissance et un courage qu'il devoit estimer. Peut-être, parmi les écrivains dont il présentoit les noms à la bienfaisance du roi, le nom de La Fontaine n'eût-il pas été déplacé ; et la postérité ne reprocheroit point à sa mémoire d'avoir abandonné au zèle bienfaisant de l'amitié un homme qui fut un des ornements de son siècle, qui devint le successeur immédiat de Colbert lui-même à l'académie, et le loua d'avoir protégé les lettres. Une fois négligé, ce fut une raison de l'être toujours, suivant l'usage ; et le mérite de La Fontaine n'étoit pas d'un genre à toucher vivement Louis XIV. Peut-être les rois et les héros sont-ils trop loin de la nature pour apprécier un tel écrivain : il leur faut des tableaux d'histoire plutôt que des paysages ; et Louis XIV, mêlant à la grandeur naturelle de son âme quelques nuances de la fierté espagnole qu'il sembloit tenir de sa mère, Louis XIV, si sensible au mérite des Corneille, des Racine, des Boileau, ne se retrouvoit point dans des fables. C'étoit un grand défaut, dans un siècle où Despréaux fit un précepte de l'art poétique de former tous les héros de la tragédie sur le monarque françois[1]; et la description du passage du Rhin importoit plus au roi que les débats du lapin et de la belette.

Malgré cet abandon du maître, qui retarda même la réception de l'auteur des fables à l'Académie françoise; malgré la médiocrité de sa fortune, La Fontaine (et l'on aime à s'en convaincre), La Fontaine fut heureux; il le fut même plus qu'aucun des grands poëtes ses contemporains. S'il n'eut point cet éclat imposant attaché aux noms des Racine, des Corneille, des Molière, il ne fut point exposé au déchaînement de l'envie, toujours plus irritée par les succès de théâtre. Son caractère pacifique le préserva de ces querelles littéraires qui tourmentèrent la vie de Despréaux. Cher au public, cher aux plus grands génies de son siècle, il vécut en paix avec les écrivains médiocres; ce qui paroît un peu plus difficile. Pauvre, mais sans humeur, et comme à son insu; libre de chagrins domestiques, d'inquiétude sur son sort; possédant le repos, de douces rêveries, et le *vrai dormir*, dont il fait de grands éloges, ses jours parurent couler négligemment comme ses vers. Aussi, malgré son amour pour la solitude, malgré son goût pour la campagne, ce goût si ami des arts

---

[1] Que Racine, enfantant des miracles nouveaux,
De ses héros sur lui forme tous les tableaux.
BOILEAU, *Art. poét.*

auxquels il offre de plus près leur modèle, il se trouvoit bien partout. Il s'écrie, dans l'ivresse des plus doux sentiments, qu'il aime à la fois la ville, la campagne; que tout est pour lui le souverain bien :

> Jusqu'au sombre plaisir d'un cœur mélancolique,
> Les chimères, le rien, tout est bon.

Il retrouve en tout lieu le bonheur qu'il porte en lui-même, et dont les sources intarissables sont l'innocente simplicité de son âme et le sentiment d'une imagination souple et légère. Les yeux s'arrêtent, se reposent avec délices sur le spectacle d'un homme qui, dans un monde trompeur, soupçonneux, agité de passions et d'intérêts divers, marche avec l'abandon d'une paisible sécurité, trouve sa sûreté dans sa confiance même, et s'ouvre un accès dans tous les cœurs, sans autre artifice que d'ouvrir le sien, d'en laisser échapper tous les mouvements, d'y laisser lire même ses foiblesses, garants d'une aimable indulgence pour les foiblesses d'autrui. Aussi La Fontaine inspira-t-il toujours cet intérêt qu'on accorde involontairement à l'enfance. L'un se charge de l'éducation et de la fortune de son fils; car il avoit cédé aux désirs de sa famille, et un soir il se trouva marié : l'autre lui donne un asile dans sa maison; il se croit parmi des frères; ils vont le devenir en effet, et la société reprend les vertus de l'âge d'or pour celui qui en a la candeur et la bonne foi. Il reçoit des bienfaits : il en a le droit, car il rendroit tout sans croire s'être acquitté. Peut-être il est des âmes qu'une simplicité noble élève naturellement au-dessus de la fierté; et, sans blâmer le philosophe, qui écarte un bienfaiteur dans la crainte de se donner un tyran, sait se priver, souffrir, et se taire, n'est-il pas plus beau peut-être, n'est-il pas du moins plus doux de voir La Fontaine montrer à son ami ses besoins comme ses pensées, abandonner généreusement à l'amitié le droit précieux qu'elle réclame, et lui rendre hommage par le bien qu'il reçoit d'elle? Il aimoit, c'étoit sa reconnoissance, et ce fut celle qu'il fit éclater envers le malheureux Fouquet. J'admirerai sans doute, il le faut bien, un chef-d'œuvre de poésie et de sentiment dans sa touchante élégie sur cette fameuse disgrâce; mais si je le vois, deux ans après la chute de son bienfaiteur, pleurer à l'aspect du château où Fouquet avoit été détenu; s'il s'arrête volontairement autour de cette fatale prison dont il ne s'arrache qu'avec peine; si je trouve l'expression de cette sensibilité, non dans un écrit public, monument d'une reconnoissance souvent fastueuse, mais dans l'épanchement d'un commerce secret, je partagerai sa douleur : j'aimerai l'écrivain que j'admire. O La Fontaine! essuie tes larmes, écris cette fable charmante *des deux Amis;* et je sais où tu trouves l'éloquence du cœur et le sublime de sentiment : je reconnois le maître de cette vertu qu'il nomme, par une expression nouvelle, *le don d'être ami.* Qui l'avoit mieux reçu de la nature, ce don si rare ? Qui a mieux éprouvé les illusions du sentiment ? Avec quel intérêt, avec quelle bonne foi naïve, associant dans un même recueil plusieurs de ses immortels écrits à la traduction de quelques harangues anciennes, ouvrage de son ami Maucroix, ne se livre-t-il pas à l'espérance d'une commune immortalité ! Que mettre au-dessus de son dévouement à ses amis, si ce n'est la noble confiance qu'il avoit lui-même en eux ? O vous, messieurs, vous qui savez si bien, puisque vous chérissez sa mémoire, sentir et apprécier ce charme inexprimable de la facilité dans les vertus, partage des mœurs antiques ; qui de vous, allant offrir à son ami l'hospice de sa maison, n'éprouveroit l'émotion la plus douce, et même le transport de la joie, s'il en recevoit cette réponse aussi attendrissante qu'inattendue, *J'y allois?* Ce mot si simple, cette expression si naïve d'un abandon sans réserve, est le plus digne hommage rendu à l'humanité généreuse ; et jamais bienfaiteur, digne de l'être, n'a reçu une si belle récompense de son bienfait.

Telle est l'image que mes foibles yeux ont pu saisir de ce grand homme d'après ses ouvrages mêmes, plus encore que d'après une tradition récente, mais qui, trop souvent infidèle, s'est plu, sur la foi de quelques plaisanteries de société, à montrer, comme un jeu bizarre de la nature, un homme qui en fut véritablement un prodige; qui offrit le singulier contraste d'un conteur trop libre et d'un excellent moraliste; reçut en partage l'esprit le plus fin qui fut jamais, et devint en tout le modèle de la simplicité; posséda le génie de l'observation, même de la satire, et ne passa jamais que pour un bon homme; déroba, sous l'air d'une négligence quelquefois réelle, les artifices de la composition la plus savante; fit ressembler l'art au naturel, souvent même à l'instinct; cacha son génie par son génie même; tourna au profit de son talent l'opposition de son esprit et de son âme, et fut dans le siècle des grands écrivains, sinon le premier, du moins le plus étonnant. Malgré ses défauts, observés même dans son éloge, il sera toujours le plus relu de tous les auteurs; et l'intérêt qu'inspirent ses ouvrages s'étendra toujours sur sa personne. C'est que plusieurs de ses défauts même participent quelquefois des qualités aimables qui les avoient fait naître; c'est qu'on juge l'homme et l'auteur par l'assemblage de ses qualités habituellement dominantes; et La Fontaine, désigné de son vivant par l'épithète de *bon*, ressemblance remarquable avec Virgile, conservera, comme écrivain, le surnom d'inimitable, titre qu'il obtint avant même d'être tout-à-fait apprécié, titre confirmé par l'admiration d'un siècle, et devenu, pour ainsi dire, inséparable de son nom.

ÉPITRE DÉDICATOIRE

A MONSEIGNEUR

LE DAUPHIN.

Monseigneur,

S'il y a quelque chose d'ingénieux dans la république des lettres, on peut dire que c'est la manière dont Ésope a débité sa morale. Il seroit véritablement à souhaiter que d'autres mains que les miennes y eussent ajouté les ornements de la poésie, puisque le plus sage des anciens a jugé qu'ils n'y étoient pas inutiles. J'ose, Monseigneur, *vous en présenter quelques essais. C'est un entretien convenable à vos premières années. Vous êtes en un âge où l'amusement et les jeux sont permis aux princes; mais en même temps vous devez donner quelques-unes de vos pensées à des réflexions sérieuses. Tout cela se rencontre aux fables que nous devons à Ésope. L'apparence en est puérile, je le confesse; mais ces puérilités servent d'enveloppes à des vérités importantes.*

Je ne doute point, Monseigneur, *que vous ne regardiez favorablement des inventions si utiles et tout ensemble si agréables : car que peut-on souhaiter davantage que ces deux points? Ce sont eux qui ont introduit les sciences parmi les hommes. Ésope a trouvé un art singulier de les joindre l'un avec l'autre : la lecture de son ouvrage répand insensiblement dans une âme les semences de la vertu, et lui apprend à se connoître sans qu'elle s'aperçoive de cette étude, et tandis qu'elle croit faire tout autre chose. C'est une adresse dont s'est servi très-heureusement celui sur lequel Sa Majesté a jeté les yeux pour vous donner des instructions. Il fait en sorte que vous apprenez sans peine, ou, pour mieux parler, avec plaisir, tout ce qu'il est nécessaire qu'un prince sache. Nous espérons beaucoup de cette conduite. Mais, à dire la vérité, il y a des choses dont nous espérons infiniment davantage : ce sont,* Monseigneur, *les qualités que notre invincible monarque vous a données avec la naissance; c'est l'exemple que tous les jours il vous donne. Quand vous le voyez former de si grands desseins; quand vous le considérez qui regarde sans s'étonner l'agitation de l'Europe et les machines qu'elle remue pour le détourner de son entreprise; quand il pénètre dès sa première démarche jusque dans le cœur d'une province où l'on trouve à chaque pas des barrières insurmontables, et qu'il en subjugue une autre en huit jours, pendant la saison la plus ennemie de la guerre, lorsque le repos et les plaisirs règnent dans les cours des autres princes; quand, non content de dompter les hommes, il veut triompher aussi des éléments; et quand, au retour de cette expédition où il a vaincu comme un Alexandre, vous le voyez gouverner ses peuples comme un Auguste, avouez-le vrai, MONSEIGNEUR, vous soupirez pour la gloire aussi-bien que lui, malgré l'impuissance de vos années; vous attendez avec impatience le temps où vous pourrez vous déclarer son rival dans l'amour de cette divine maîtresse. Vous ne l'attendez pas, MONSEIGNEUR; vous le prévenez. Je n'en veux pour témoignage que ces nobles inquiétudes, cette vivacité, cette ardeur, ces marques d'esprit, de courage, et de grandeur d'âme, que vous faites paroître à tous les moments. Certainement c'est une joie bien sensible à notre monarque; mais c'est un spectacle bien agréable pour l'univers que de voir ainsi croître une jeune plante qui couvrira un jour de son ombre tant de peuples et de nations.*

1   A MONSEIGNEUR LE DAUPHIN.

Je devrois m'étendre sur ce sujet; mais, comme le dessein que j'ai de vous divertir est plus proportionné à mes forces que celui de vous louer, je me hâte de venir aux fables, et n'ajouterai aux vérités que je vous ai dites que celle-ci : c'est, Monseigneur, *que je suis, avec un zèle respectueux,*

Votre très-humble, très-obéissant,
et très-fidèle serviteur,
DE LA FONTAINE.

PRÉFACE

DE

LA FONTAINE.

L'INDULGENCE que l'on a eue pour quelques-unes de mes fables me donne lieu d'espérer la même grâce pour ce recueil. Ce n'est pas qu'un des maîtres[1] de notre éloquence n'ait désapprouvé le dessein de les mettre en vers : il a cru que leur principal ornement est de n'en avoir aucun; que d'ailleurs la contrainte de la poésie, jointe à la sévérité de notre langue, m'embarrasseroit en beaucoup d'endroits, et banniroit de la plupart de ces récits la brièveté, qu'on peut fort bien appeler l'âme du conte, puisque sans elle il faut nécessaire-

---

[1] Patru, célèbre avocat au parlement de Paris, et membre de l'Académie françoise.

ment qu'il languisse. Cette opinion ne sauroit partir que d'un homme d'excellent goût; je demanderois seulement qu'il en relâchât quelque peu, et qu'il crût que les grâces lacédémoniennes ne sont pas tellement ennemies des muses françoises, que l'on ne puisse souvent les faire marcher de compagnie.

Après tout, je n'ai entrepris la chose que sur l'exemple, je ne veux pas dire des anciens, qui ne tire point à conséquence pour moi, mais sur celui des modernes. C'est de tout temps, et chez tous les peuples qui font profession de poésie, que le Parnasse a jugé ceci de son apanage. A peine les fables qu'on attribue à Ésope virent le jour, que Socrate trouva à propos de les habiller des livrées des Muses. Ce que Platon en rapporte est si agréable, que je ne puis m'empêcher d'en faire un des ornements de cette préface. Il dit que, Socrate étant condamné au dernier supplice, l'on remit l'exécution de l'arrêt à cause de certaines fêtes. Cébès l'alla voir le jour de sa mort. Socrate lui dit que les dieux l'avoient averti plu-

sieurs fois, pendant son sommeil, qu'il devoit
s'appliquer à la musique avant qu'il mourût.
Il n'avoit pas entendu d'abord ce que ce songe
signifioit : car, comme la musique ne rend pas
l'homme meilleur, à quoi bon s'y attacher?
Il falloit qu'il y eût du mystère là-dessous,
d'autant plus que les dieux ne se lassoient
point de lui envoyer la même inspiration. Elle
lui étoit encore venue une de ces fêtes. Si bien
qu'en songeant aux choses que le ciel pouvoit
exiger de lui, il s'étoit avisé que la musique
et la poésie ont tant de rapport, que possible
étoit-ce de la dernière qu'il s'agissoit. Il n'y
a point de bonne poésie sans harmonie : mais
il n'y en a point non plus sans fictions; et
Socrate ne savoit que dire la vérité. Enfin il
avoit trouvé un tempérament : c'étoit de choisir des fables qui continssent quelque chose
de véritable, telles que sont celles d'Ésope. Il
employa donc à les mettre en vers les derniers
moments de sa vie.

Socrate n'est pas le seul qui ait considéré
comme sœurs la poésie et nos fables. Phèdre

a témoigné qu'il étoit de ce sentiment ; et, par l'excellence de son ouvrage, nous pouvons juger de celui du prince des philosophes. Après Phèdre, Aviénus a traité le même sujet. Enfin les modernes les ont suivis : nous en avons des exemples, non-seulement chez les étrangers, mais chez nous. Il est vrai que, lorsque nos gens y ont travaillé, la langue étoit si différente de ce qu'elle est, qu'on ne les doit considérer que comme étrangers. Cela ne m'a point détourné de mon entreprise ; au contraire, je me suis flatté de l'espérance que, si je ne courois dans cette carrière avec succès, on me donneroit au moins la gloire de l'avoir ouverte.

Il arrivera possible que mon travail fera naître à d'autres personnes l'envie de porter la chose plus loin. Tant s'en faut que cette matière soit épuisée, qu'il reste encore plus de fables à mettre en vers que je n'en ai mis. J'ai choisi véritablement les meilleures, c'est-à-dire celles qui m'ont semblé telles : mais, outre que je puis m'être trompé dans mon choix, il ne sera pas bien difficile de donner un autre tour à celles-là même que j'ai choisies ; et si ce tour est moins long, il sera sans doute plus approuvé. Quoi qu'il en arrive, on m'aura toujours obligation, soit que ma témérité ait été heureuse, et que je ne me sois point trop écarté du chemin qu'il falloit tenir, soit que j'aie seulement excité les autres à mieux faire.

Je pense avoir justifié suffisamment mon dessein : quant à l'exécution, le public en sera juge. On ne trouvera pas ici l'élégance ni l'extrême brièveté qui rendent Phèdre recommandable : ce sont qualités au-dessus de ma portée. Comme il m'étoit impossible de l'imiter en cela, j'ai cru qu'il falloit en récompense égayer l'ouvrage plus qu'il n'a fait. Non que je le blâme d'en être demeuré dans ces termes : la langue latine n'en demandoit pas davantage ; et si l'on y veut prendre garde, on reconnoîtra dans cet auteur le vrai caractère et le vrai génie de Térence. La simplicité est magnifique chez ces grands hommes : moi, qui n'ai pas les perfections du langage comme ils les ont eues, je ne la puis élever à un si haut point. Il a donc fallu se récompenser d'ailleurs : c'est ce que j'ai fait avec d'autant plus de hardiesse, que Quintilien dit qu'on ne sauroit trop égayer les narrations. Il ne s'agit pas ici d'en apporter une raison : c'est assez que Quintilien l'ait dit. J'ai pourtant considéré que, ces fables étant sues de tout le monde, je ne ferois rien si je ne les rendois nouvelles par quelques traits qui en relevassent le goût. C'est ce qu'on demande aujourd'hui : on veut de la nouveauté et de la gaieté. Je n'appelle pas gaieté ce qui excite le rire; mais un certain charme, un air agréable qu'on peut donner à toutes sortes de sujets, même les plus sérieux.

Mais ce n'est pas tant par la forme que j'ai donnée à cet ouvrage qu'on en doit mesurer le prix que par son utilité et par sa matière : car qu'y a-t-il de recommandable dans les productions de l'esprit qui ne se rencontre dans l'apologue ? C'est quelque chose de si divin, que plusieurs personnages de l'antiquité ont attribué la plus grande partie de ces fables à Socrate, choisissant, pour leur servir de père, celui des mortels qui avoit le plus de communication avec les dieux. Je ne sais comme ils n'ont point fait descendre du ciel ces mêmes fables, et comme ils ne leur ont point assigné un dieu qui en eût la direction, ainsi qu'à la poésie et à l'éloquence. Ce que je dis n'est pas tout-à-fait sans fondement, puisque, s'il m'est permis de mêler ce que nous avons de plus sacré parmi les erreurs du paganisme, nous voyons que la Vérité a parlé aux hommes par paraboles : et la parabole est-elle autre chose que l'apologue, c'est-à-dire un exemple fabuleux, et qui s'insinue avec d'autant plus de facilité et d'effet qu'il est plus commun et plus familier? Qui ne nous proposeroit à imiter que les maîtres de la sagesse nous fourniroit un sujet d'excuse : il n'y en a point quand des abeilles et des fourmis sont capables de cela même qu'on nous demande.

C'est pour ces raisons que Platon, ayant

banni Homère de sa république, y a donné à Ésope une place très-honorable. Il souhaite que les enfants sucent ces fables avec le lait; il recommande aux nourrices de les leur apprendre : car on ne sauroit s'accoutumer de trop bonne heure à la sagesse et à la vertu. Plutôt que d'être réduits à corriger nos habitudes, il faut travailler à les rendre bonnes pendant qu'elles sont encore indifférentes au bien ou au mal. Or, quelle méthode y peut contribuer plus utilement que ces fables? Dites à un enfant que Crassus, allant contre les Parthes, s'engagea dans leur pays sans considérer comment il en sortiroit, que cela le fit périr lui et son armée, quelque effort qu'il fît pour se retirer. Dites au même enfant que le renard et le bouc descendirent au fond d'un puits pour y éteindre leur soif; que le renard en sortit s'étant servi des épaules et des cornes de son camarade comme d'une échelle ; au contraire, le bouc y demeura pour n'avoir pas eu tant de prévoyance; et par conséquent il faut considérer en toute chose la fin : je demande lequel de ces deux exemples fera le plus d'impression sur cet enfant. Ne s'arrêtera-t-il pas au dernier, comme plus conforme et moins disproportionné que l'autre à la petitesse de son esprit? Il ne faut pas m'alléguer que les pensées de l'enfance sont d'elles-mêmes assez enfantines, sans y joindre encore de nouvelles badineries. Ces badineries ne sont telles qu'en apparence; car, dans le fond, elles portent un sens très-solide. Et comme, par la définition du point, de la ligne, de la surface, et par d'autres principes très-familiers, nous parvenons à des connoissances qui mesurent enfin le ciel et la terre, de même aussi, par les raisonnements et conséquences que l'on peut tirer de ces fables, on se forme le jugement et les mœurs, on se rend capable des grandes choses.

Elles ne sont pas seulement morales, elles donnent encore d'autres connoissances : les propriétés des animaux et leurs divers caractères y sont exprimés ; par conséquent les nôtres aussi, puisque nous sommes l'abrégé de ce qu'il y a de bon et de mauvais dans les créatures irraisonnables. Quand Prométhée voulut former l'homme, il prit la qualité dominante de chaque bête : de ces pièces si différentes il composa notre espèce ; il fit cet ouvrage qu'on appelle le Petit-Monde. Ainsi ces fables sont un tableau où chacun de nous se trouve dépeint. Ce qu'elles nous représentent confirme les personnes d'âge avancé dans les connoissances que l'usage leur a données, et apprend aux enfants ce qu'il faut qu'ils sachent. Comme ces derniers sont nouveaux venus dans le monde, ils n'en connoissent pas encore les habitants ; ils ne se connoissent pas eux-mêmes : on ne les doit laisser dans cette ignorance que le moins qu'on peut ; il leur faut apprendre ce que c'est qu'un lion, un renard, ainsi du reste, et pourquoi l'on compare quelquefois un homme à ce renard ou à ce lion. C'est à quoi les fables travaillent : les premières notions de ces choses proviennent d'elles.

J'ai déjà passé la longueur ordinaire des

préfaces; cependant je n'ai pas encore rendu raison de la conduite de mon ouvrage.

L'apologue est composé de deux parties, dont on peut appeler l'une le corps, l'autre l'âme. Le corps est la fable; l'âme, la moralité. Aristote n'admet dans la fable que les animaux; il en exclut les hommes et les plantes. Cette règle est moins de nécessité que de bienséance, puisque ni Ésope, ni Phèdre, ni aucun des fabulistes ne l'a gardée; tout au contraire de la moralité, dont aucun ne se dispense. Que s'il m'est arrivé de le faire, ce n'a été que dans les endroits où elle n'a pu entrer avec grâce, et où il est aisé au lecteur de la suppléer. On ne considère en France que ce qui plaît: c'est la grande règle, et, pour ainsi dire, la seule. Je n'ai donc pas cru que ce fût un crime de passer par-dessus les anciennes coutumes, lorsque je ne pouvois les mettre en usage sans leur faire tort. Du temps d'Ésope, la fable étoit contée simplement; la moralité séparée et toujours ensuite. Phèdre est venu, qui ne s'est pas assujetti à cet ordre : il embellit la narration, et transporte quelquefois la moralité de la fin au commencement. Quand il seroit nécessaire de lui trouver place, je ne manque à ce précepte que pour en observer un qui n'est pas moins important : c'est Horace qui nous le donne. Cet auteur ne veut pas qu'un écrivain s'opiniâtre contre l'incapacité de son esprit, ni contre celle de sa matière. Jamais, à ce qu'il prétend, un homme qui veut réussir n'en vient jusque-là ; il abandonne les choses dont il voit bien qu'il ne sauroit rien faire de bon :

*Et quæ
Desperat tractata nitescere posse, relinquit.*

C'est ce que j'ai fait à l'égard de quelques moralités du succès desquelles je n'ai pas bien espéré.

Il ne reste plus qu'à parler de la vie d'Ésope. Je ne vois presque personne qui ne tienne pour fabuleuse celle que Planude nous a laissée. On s'imagine que cet auteur a voulu donner à son héros un caractère et des aventures qui répondissent à ses fables. Cela m'a paru d'abord spécieux ; mais j'ai trouvé à la fin peu de certitude en cette critique. Elle est en partie fondée sur ce qui se passe entre Xantus et Ésope : on y trouve trop de niaiseries. Eh ! qui est le sage à qui de pareilles choses n'arrivent point ? Toute la vie de Socrate n'a pas été sérieuse. Ce qui me confirme en mon sentiment, c'est que le caractère que Planude donne à Ésope est semblable à celui que Plutarque lui a donné dans son Banquet des sept Sages, c'est-à-dire d'un homme subtil, et qui ne laisse rien passer. On me dira que le Banquet des sept Sages est aussi une invention. Il est aisé de douter de tout : quant à moi, je ne vois pas bien pourquoi Plutarque auroit voulu imposer à la postérité dans ce traité-là, lui qui fait profession d'être véritable partout ailleurs, et de conserver à chacun son caractère. Quand cela seroit, je ne saurois que mentir sur la foi d'autrui : me croira-t-on moins que si je m'arrête à la mienne ? Car ce que je puis est de composer un tissu de mes conjectures, lequel j'intitulerai : Vie d'Ésope. Quelque vraisemblable que je le rende, on ne s'y assurera pas; et, fable pour fable, le lecteur préfèrera toujours celle de Planude à la mienne.

LA VIE D'ÉSOPE

LE PHRYGIEN.

Nous n'avons rien d'assuré touchant la naissance d'Homère et d'Ésope : à peine même sait-on ce qui leur est arrivé de plus remarquable. C'est de quoi il y a lieu de s'étonner, vu que l'histoire ne rejette pas des choses moins agréables et moins nécessaires que celle-là. Tant de destructeurs de nations, tant de princes sans mérite ont trouvé des gens qui nous ont appris jusqu'aux moindres particularités de leur vie; et nous ignorons les plus importantes de celles d'Ésope et d'Homère, c'est-à-dire des deux personnages qui ont le mieux mérité des siècles suivants. Car Homère n'est pas seulement le père des dieux, c'est aussi celui des bons poëtes. Quant à Ésope, il me semble qu'on le devoit mettre au nombre des sages dont la Grèce s'est tant vantée, lui qui enseignoit la véritable sagesse, et qui l'enseignoit avec bien plus d'art que ceux qui en donnent des définitions et des règles. On a véritablement recueilli les vies de ces deux grands hommes; mais la plupart des savants les tiennent toutes deux fabuleuses, particulièrement celle que Planude a écrite. Pour moi, je n'ai pas voulu m'engager dans cette critique. Comme Planude vivoit dans un siècle où la mémoire des choses arrivées à Ésope ne devoit pas être encore éteinte, j'ai cru qu'il savoit par tradition ce qu'il a laissé. Dans cette croyance, je l'ai suivi, sans retrancher de ce qu'il a dit d'Ésope que ce qui m'a semblé trop puéril, ou qui s'écartoit en quelque façon de la bienséance.

Ésope étoit Phrygien, d'un bourg appelé Amorium. Il naquit vers la cinquante-septième olympiade, quelque deux cents ans après la fondation de Rome. On ne sauroit dire s'il eut sujet de remercier la nature, ou bien de se plaindre d'elle; car, en le douant d'un très-bel esprit, elle le fit naître difforme et laid de visage, ayant à peine figure d'homme, jusqu'à lui refuser presque entièrement l'usage de la parole. Avec ces défauts, quand il n'auroit pas été de condition à être esclave, il ne pouvoit manquer de le devenir. Au reste, son âme se maintint toujours libre et indépendante de la fortune.

Le premier maître qu'il eut l'envoya aux champs labourer la terre, soit qu'il le jugeât incapable de toute autre chose, soit pour s'ôter de devant les yeux un objet si désagréable. Or il arriva que ce maître étant allé voir sa maison des champs, un paysan lui donna des figues : il les trouva belles, et les fit serrer fort soigneusement, donnant ordre à son sommelier, appelé Agathopus, de les lui apporter au sortir du bain. Le hasard voulut qu'Ésope eût affaire dans le logis. Aussitôt qu'il y fut entré, Agathopus se servit de l'occasion, et mangea les figues avec quelques-uns de ses camarades : puis ils rejetèrent cette friponnerie sur Ésope, ne croyant pas qu'il se pût jamais justifier; tant il étoit bègue et paroissoit idiot! Les châtiments dont les anciens usoient envers leurs esclaves étoient fort cruels, et cette faute très-punissable. Le pauvre Ésope se jeta aux pieds de son maître; et, se faisant entendre du mieux qu'il put, il témoigna qu'il demandoit pour toute grâce qu'on sursît de quelques moments sa punition. Cette grâce lui ayant été accordée, il alla querir de l'eau tiède, la but en présence de son seigneur, se mit les doigts dans la bouche, et ce qui s'ensuit, sans rendre autre chose que cette eau seule. Après s'être ainsi justifié, il fit signe qu'on obligeât les autres d'en faire autant. Chacun demeura surpris : on n'auroit pas cru qu'une telle invention pût partir d'Ésope. Agathopus et ses camarades ne parurent point étonnés. Ils burent de l'eau comme le Phrygien avoit fait, et se mirent les doigts dans la bouche; mais ils se gardèrent bien de les enfoncer trop avant. L'eau ne laissa pas d'agir, et de mettre en évidence les figues toutes crues encore et toutes vermeilles. Par ce moyen Ésope se garantit : ses accusateurs furent punis doublement, pour leur gourmandise et pour leur méchanceté.

Le lendemain, après que leur maître fut parti, et Ésope étant à son travail ordinaire, quelques voyageurs égarés (aucuns disent que c'étoient des prêtres de Diane) le prièrent, au nom de Jupiter hospitalier, qu'il leur enseignât le chemin qui conduisoit à la ville. Ésope les obligea premièrement de se reposer à l'ombre; puis, leur ayant présenté une légère collation, il voulut être leur guide, et ne les quitta qu'après qu'il les eut remis dans leur chemin. Les bonnes gens levèrent les mains au ciel, et prièrent Jupiter de ne pas laisser cette action charitable sans récompense. A peine Ésope les eut quittés, que le chaud et la lassitude le contraignirent de s'endormir. Pendant son sommeil, il s'imagina que la Fortune étoit debout devant lui, qui lui délioit la langue, et par même moyen lui faisoit présent de cet art dont on peut dire qu'il est l'auteur. Réjoui de cette aventure, il s'éveilla en sursaut; et en s'éveillant : Qu'est-ce ci? dit-il : ma voix est devenue libre; je prononce bien un rateau, une charrue, tout ce que je veux. Cette merveille fut cause qu'il changea de maître. Car, comme un certain Zénas, qui étoit là en qualité d'économe et qui avoit l'œil sur les esclaves, en eut battu un outrageusement pour une faute qui ne le méritoit pas, Ésope ne put s'empêcher de le reprendre, et le menaça que ses mauvais traitements seroient sus. Zénas, pour le prévenir et pour se venger de lui, alla dire au maître qu'il étoit arrivé un prodige dans sa maison; que le Phrygien avoit recouvré la parole, mais que le méchant ne s'en servoit qu'à blasphémer et à médire de leur seigneur. Le maître le crut, et passa bien plus avant; car il lui donna Ésope, avec liberté d'en faire ce qu'il voudroit. Zénas de retour aux champs, un marchand l'alla trouver, et lui demanda si pour de l'argent il le vouloit accommoder de quelque bête de somme. Non pas cela, dit Zénas; je n'en ai pas le pouvoir : mais je te vendrai, si tu veux, un de nos esclaves. Là-dessus, ayant fait venir Ésope, le marchand dit : Est-ce afin de te moquer que tu me proposes l'achat de ce personnage? On le prendroit pour une outre.

Dès que le marchand eut ainsi parlé, il prit congé d'eux, partie murmurant, partie riant de ce bel objet. Ésope le rappela, et lui dit : Achète-moi hardiment ; je ne te serai pas inutile. Si tu as des enfants qui crient et qui soient méchants, ma mine les fera taire : on les menacera de moi comme de la bête. Cette raillerie plut au marchand. Il acheta notre Phrygien trois oboles, et dit en riant : Les dieux soient loués ! je n'ai pas fait grande acquisition, à la vérité ; aussi n'ai-je pas déboursé grand argent.

Entre autres denrées, ce marchand trafiquoit d'esclaves : si bien qu'allant à Éphèse pour se défaire de ceux qu'il avoit, ce que chacun d'eux devoit porter pour la commodité du voyage fut départi selon leur emploi et selon leurs forces. Ésope pria que l'on eût égard à sa taille ; qu'il étoit nouveau venu, et devoit être traité doucement. Tu ne porteras rien, si tu veux, lui repartirent ses camarades. Ésope se piqua d'honneur, et voulut avoir sa charge comme les autres. On le laissa donc choisir. Il prit le panier au pain : c'étoit le fardeau le plus pesant. Chacun crut qu'il l'avoit fait par bêtise : mais dès la dînée le panier fut entamé, et le Phrygien déchargé d'autant ; ainsi le soir, et de même le lendemain : de façon qu'au bout de deux jours il marchoit à vide. Le bon sens et le raisonnement du personnage furent admirés.

Quant au marchand, il se défit de tous ses esclaves, à la réserve d'un grammairien, d'un chantre et d'Ésope, lesquels il alla exposer en vente à Samos. Avant que de les mener sur la place, il fit habiller les deux premiers le plus proprement qu'il put, comme chacun farde sa marchandise : Ésope, au contraire, ne fut vêtu que d'un sac, et placé entre ses deux compagnons, afin de leur donner lustre. Quelques acheteurs se présentèrent, entre autres un philosophe appelé Xantus. Il demanda au grammairien et au chantre ce qu'ils savoient faire. Tout, reprirent-ils. Cela fit rire le Phrygien : on peut s'imaginer de quel air. Planude rapporte qu'il s'en fallut peu qu'on ne prît la fuite, tant il fit une effroyable grimace. Le marchand fit son chantre mille oboles, son grammairien trois mille ; et, en cas que l'on achetât l'un des deux, il devoit donner Ésope par-dessus le marché. La cherté du grammairien et du chantre dégoûta Xantus. Mais, pour ne pas retourner chez soi sans avoir fait quelque emplète, ses disciples lui conseillèrent d'acheter ce petit bout d'homme qui avoit ri de si bonne grâce : on en feroit un épouvantail ; il divertiroit les gens par sa mine. Xantus se laissa persuader, et fit prix d'Ésope à soixante oboles. Il lui demanda, devant que de l'acheter, à quoi il lui sera propre, comme il l'avoit demandé à ses camarades. Ésope répondit : A rien, puisque les deux autres avoient tout retenu pour eux. Les commis de la douane remirent généreusement à Xantus le sou pour livre, et lui en donnèrent quittance sans rien payer.

Xantus avoit une femme de goût assez délicat, et à qui toutes sortes de gens ne plaisoient pas : si bien que de lui aller présenter sérieusement son nouvel esclave il n'y avoit pas d'apparence, à moins qu'il ne la voulût mettre en colère et se faire moquer de lui. Il jugea plus à propos d'en faire un sujet de plaisanterie, et alla dire au logis qu'il venoit d'acheter un jeune esclave le plus beau du monde et le mieux fait. Sur cette nouvelle, les filles qui servoient sa femme se pensèrent battre à qui l'auroit pour son serviteur; mais elles furent bien étonnées quand le personnage parut. L'une se mit la main devant les yeux; l'autre s'enfuit; l'autre fit un cri. La maîtresse du logis dit que c'étoit pour la chasser qu'on lui amenoit un tel monstre; qu'il y avoit long-temps que le philosophe se lassoit d'elle. De parole en parole, le différend s'échauffa jusqu'à tel point que la femme demanda son bien et voulut se retirer chez ses parents. Xantus fit tant par sa patience, et Ésope par son esprit, que les choses s'accommodèrent. On ne parla plus de s'en aller; et peut-être que l'accoutumance effaça à la fin une partie de la laideur du nouvel esclave.

Je laisserai beaucoup de petites choses où il fit paroître la vivacité de son esprit; car, quoiqu'on puisse juger par-là de son caractère, elles sont de trop peu de conséquence pour en informer la postérité. Voici seulement un échantillon de son bon sens et de l'ignorance de son maître. Celui-ci alla chez un jardinier se choisir lui-même une salade; les herbes cueillies, le jardinier le pria de lui satisfaire l'esprit sur une difficulté qui regardoit la philosophie aussi-bien que le jardinage : c'est que les herbes qu'il plantoit et qu'il cultivoit avec un grand soin ne profitoient point, tout au contraire de celles que la terre produisoit d'elle-même sans culture ni amendement. Xantus rapporta le tout à la Providence, comme on a coutume de faire quand on est court. Ésope se mit à rire; et, ayant tiré son maître à part, il lui conseilla de dire à ce jardinier qu'il lui avoit fait une réponse ainsi générale, parce que la question n'étoit pas digne de lui : il le laissoit donc avec son garçon, qui assurément le satisferoit. Xantus s'étant allé promener d'un autre côté du jardin, Ésope compara la terre à une femme qui, ayant des enfants d'un premier mari, en épouseroit un second qui auroit aussi des enfants d'une autre femme : sa nouvelle épouse ne manqueroit pas de concevoir de l'aversion pour ceux-ci, et leur ôteroit la nourriture afin que les siens en profitassent. Il en étoit ainsi de la terre, qui n'adoptoit qu'avec peine les productions du travail et de la culture, et qui réservoit toute sa tendresse et tous ses bienfaits pour les siennes seules : elle étoit marâtre des unes, et mère passionnée des autres. Le jardinier parut si content de cette raison, qu'il offrit à Ésope tout ce qui étoit dans son jardin.

Il arriva quelque temps après un grand différend entre le philosophe et sa femme. Le philosophe, étant de festin, mit à part quelques friandises, et dit à Ésope : Va porter ceci à ma bonne amie. Ésope l'alla donner à une petite chienne qui étoit les délices de son maître. Xantus, de retour, ne manqua pas de demander des nouvelles de son présent, et si on l'avoit trouvé bon. Sa femme ne comprenoit rien à ce langage; on fit venir Ésope pour l'éclaircir. Xantus, qui ne cherchoit qu'un prétexte pour le faire battre, lui demanda s'il ne lui avoit pas dit expressément : Va-t'en porter de ma part ces friandises à ma bonne amie. Ésope répondit là-dessus que la bonne amie n'étoit pas la femme, qui, pour la moindre parole, menaçoit de faire un divorce; c'étoit la chienne, qui enduroit tout, et qui revenoit faire caresses après qu'on l'avoit battue. Le philosophe demeura court; mais sa femme entra dans une telle colère qu'elle se retira d'avec lui. Il n'y eut parent ni ami par qui Xantus ne lui fît parler, sans que les raisons ni les prières y gagnassent rien. Ésope s'avisa d'un stratagème. Il acheta force gibier, comme pour une noce considérable, et fit tant qu'il fut rencontré par un des domestiques de sa maîtresse. Celui-ci lui demanda pourquoi tant d'apprêts. Ésope lui dit que son maître, ne pouvant obliger sa femme de revenir, en alloit épouser une autre. Aussitôt que la dame sut cette nouvelle, elle retourna chez son mari, par esprit de contradiction ou par jalousie. Ce ne fut pas sans la garder bonne à Ésope, qui tous les jours faisoit de nouvelles pièces à son maître, et tous les jours se sauvoit du châtiment par quelque trait de subtilité. Il n'étoit pas possible au philosophe de le confondre.

Un certain jour de marché, Xantus, qui avoit dessein de régaler quelques-uns de ses amis, lui commanda d'acheter ce qu'il y auroit de meilleur, et rien autre chose. Je t'apprendrai, dit en soi-même le Phrygien, à spécifier ce que tu souhaites, sans t'en remettre à la discrétion d'un esclave. Il n'acheta donc que des langues, lesquelles il fit accommoder à toutes les sauces : l'entrée, le second, l'entremets, tout ne fut que langues. Les conviés louèrent d'abord le choix de ce mets ; à la fin ils s'en dégoûtèrent. Ne t'ai-je pas commandé, dit Xantus, d'acheter ce qu'il y auroit de meilleur? Eh! qu'y a-t-il de meilleur que la langue? reprit Ésope. C'est le lien de la vie civile, la clef des sciences, l'organe de la vérité et de la raison : par elle on bâtit les villes et on les police; on instruit, on persuade, on règne dans les assemblées, on s'acquitte du premier de tous les devoirs, qui est de louer les dieux. Eh bien, dit Xantus (qui prétendoit l'attraper), achète-moi demain ce qui est de pire : ces mêmes personnes viendront chez moi; et je veux diversifier.

Le lendemain Ésope ne fit encore servir que le même mets, disant que la langue est la pire chose qui soit au monde : c'est la mère de tous débats, la nourrice des procès, la source des divisions et des guerres. Si on dit qu'elle est l'organe de la vérité, c'est aussi celui de l'erreur, et, qui pis est, de la calomnie. Par elle on détruit les villes, on persuade de méchantes choses. Si d'un côté elle loue les dieux, de l'autre elle profère des blasphèmes contre leur puissance. Quelqu'un de la compagnie dit à Xantus que véritablement ce valet lui étoit fort nécessaire; car il savoit le mieux du monde exercer la patience d'un philosophe. De quoi vous mettez-vous en peine? reprit Ésope. Eh! trouve-moi, dit Xantus, un homme qui ne se mette en peine de rien.

Ésope alla le lendemain sur la place; et voyant un paysan qui regardoit toutes choses avec la froideur et l'indifférence d'une statue, il amena ce paysan au logis. Voilà, dit-il à Xantus, l'homme sans souci que vous demandez. Xantus commanda à sa femme de faire chauffer de l'eau, de la mettre dans un bassin, puis de laver elle-même les pieds de son nouvel hôte. Le paysan la laissa faire, quoiqu'il sût fort bien qu'il ne méritoit pas cet honneur; mais il disoit en lui-même : C'est peut-être la coutume d'en user ainsi. On le fit asseoir au haut bout; il prit sa place sans cérémonie. Pendant le repas, Xantus ne fit autre chose que blâmer son cuisinier; rien ne lui plaisoit : ce qui étoit doux, il le trouvoit trop salé; et ce qui étoit trop salé, il le trouvoit doux. L'homme sans souci le laissoit dire, et mangeoit de toutes ses dents. Au dessert, on mit sur la table un gâteau que la femme du philosophe avoit fait : Xantus le trouva mauvais, quoiqu'il fût très-bon. Voilà, dit-il, la pâtisserie la plus méchante que j'aie jamais mangée; il faut brûler l'ouvrière, car elle ne fera de sa vie rien qui vaille : qu'on apporte des fagots. Attendez, dit le paysan; je m'en vais quérir ma femme : on ne fera qu'un bûcher pour toutes les deux. Ce dernier trait désarçonna le philosophe, et lui ôta l'espérance de jamais attraper le Phrygien.

Or, ce n'étoit pas seulement avec son maître qu'Ésope trouvoit occasion de rire et de dire de bons mots. Xantus l'avoit envoyé en certain endroit : il rencontra en chemin le magistrat, qui lui demanda où il alloit. Soit qu'Ésope fût distrait, ou pour une autre raison, il répondit qu'il n'en savoit rien. Le magistrat, tenant à mépris et irrévérence cette réponse, le fit mener en prison. Comme les huissiers le conduisoient: Ne voyez-vous pas, dit-il, que j'ai très-bien répondu? Savois-je qu'on me feroit aller où je vais? Le magistrat le fit relâcher, et trouva Xantus heureux d'avoir un esclave si plein d'esprit.

Xantus, de sa part, voyoit par-là de quelle importance il lui étoit de ne point affranchir Ésope, et combien la possession d'un tel esclave lui faisoit d'honneur. Même un jour, faisant la débauche avec ses disciples, Ésope, qui les servoit, vit que les fumées leur échauffoient déjà la cervelle, aussi-bien au maître qu'aux écoliers. La débauche de vin, leur dit-il, a trois degrés : le premier, de volupté ; le second, d'ivrognerie ; le troisième, de fureur. On se moqua de son observation, et on continua de vider les pots. Xantus s'en donna jusqu'à perdre la raison, et à se vanter qu'il boiroit la mer. Cela fit rire la compagnie. Xantus soutint ce qu'il avoit dit, gagea sa maison qu'il boiroit la mer tout entière ; et, pour assurance de la gageure, il déposa l'anneau qu'il avoit au doigt.

Le jour suivant, que les vapeurs de Bacchus furent dissipées, Xantus fut extrêmement surpris de ne plus retrouver son anneau, lequel il tenoit fort cher. Ésope lui dit qu'il étoit perdu, et que sa maison l'étoit aussi par la gageure qu'il avoit faite. Voilà le philosophe bien alarmé : il pria Ésope de lui enseigner une défaite. Ésope s'avisa de celle-ci.

Quand le jour que l'on avoit mis pour l'exécution de la gageure fut arrivé, tout le peuple de Samos accourut au rivage de la mer pour être témoin de la honte du philosophe. Celui de ses disciples qui avoit gagé contre lui triomphoit déjà. Xantus dit à l'assemblée : Messieurs, j'ai gagé véritablement que je boirois toute la mer, mais non pas les fleuves qui entrent dedans : c'est pourquoi, que celui qui a gagé contre moi détourne leurs cours, et puis je ferai ce que je me suis vanté de faire. Chacun admira l'expédient que Xantus avoit trouvé pour sortir à son honneur d'un si mauvais pas. Le disciple confessa qu'il étoit vaincu, et demanda pardon à son maître. Xantus fut reconduit jusqu'à son logis avec acclamation.

Pour récompense, Ésope lui demanda la liberté. Xantus la lui refusa, et dit que le temps de l'affranchir n'étoit pas encore venu ; si toutefois les dieux l'ordonnoient ainsi, il y consentoit : partant, qu'il prît garde au premier présage qu'il auroit étant sorti du logis ; s'il étoit heureux, et que, par exemple, deux corneilles se présentassent à sa vue, la liberté lui seroit donnée ; s'il n'en voyoit qu'une, qu'il ne se lassât point d'être esclave. Ésope sortit aussitôt. Son maître étoit logé à l'écart, et apparemment vers un lieu couvert de grands arbres. A peine notre Phrygien fut hors, qu'il aperçut deux corneilles qui s'abattirent sur le plus haut. Il en alla avertir son maître, qui voulut voir lui-même s'il disoit vrai. Tandis que Xantus venoit, l'une des corneilles s'envola. Me tromperas-tu toujours ? dit-il à Ésope : qu'on lui donne les étrivières. L'ordre fut exécuté. Pendant le supplice du pauvre Ésope, on vint inviter Xantus à un repas : il promit qu'il s'y trouveroit. Hélas! s'écria Ésope, les présages sont bien menteurs! moi, qui ai vu deux corneilles, je suis battu ; mon maître, qui n'en a vu qu'une, est prié de noces. Ce mot plut tellement à Xantus, qu'il commanda qu'on cessât de fouetter Ésope; mais, quant à la liberté, il ne se pouvoit résoudre à la lui donner, encore qu'il la lui promît en diverses occasions.

Un jour ils se promenoient tous deux parmi de vieux monuments, considérant avec beaucoup de plaisir les inscriptions qu'on y avoit mises. Xantus en aperçut une qu'il ne put entendre, quoiqu'il demeurât long-temps à en chercher l'explication. Elle étoit composée des premières lettres de certains mots. Le philosophe avoua ingénument que cela passoit son esprit. Si je vous fais trouver un trésor par le moyen de ces lettres, lui dit Ésope, quelle récompense aurai-je? Xantus lui promit la liberté et la moitié du trésor. Elles signifient, poursuivit Ésope, qu'à quatre pas de cette colonne nous en rencontrerons un. En effet, ils le trouvèrent après avoir creusé quelque peu dans terre. Le philosophe fut sommé de tenir parole; mais il reculoit toujours. Les dieux me gardent de t'affranchir, dit-il à Ésope, que tu ne m'aies donné avant cela l'intelligence de ces lettres! ce me sera un autre trésor plus précieux que celui lequel nous avons trouvé. On les a ici gravées, poursuivit Ésope, comme étant les premières lettres de ces mots: Ἀποϐας βηματα, etc.; c'est-à-dire: « Si vous reculez quatre pas, et que vous creusiez, vous trouverez un trésor. » Puisque tu es si subtil, repartit Xantus, j'aurois tort de me défaire de toi: n'espère donc pas que je t'affranchisse. Et moi, répliqua Ésope, je vous dénoncerai au roi Denys; car c'est à lui que le trésor appartient, et ces mêmes lettres commencent d'autres mots qui le signifient. Le philosophe intimidé dit au

Phrygien qu'il prît sa part de l'argent, et qu'il n'en dît mot; de quoi Ésope déclara ne lui avoir aucune obligation, ces lettres ayant été choisies de telle manière qu'elles renfermoient un triple sens, et signifioient encore : « En vous en allant, vous partagerez le trésor que vous aurez rencontré. » Dès qu'il fut de retour, Xantus commanda qu'on enfermât le Phrygien, et que l'on lui mît les fers aux pieds, de crainte qu'il n'allât publier cette aventure. Hélas! s'écria Ésope, est-ce ainsi que les philosophes s'acquittent de leurs promesses? Mais faites ce que vous voudrez, il faudra que vous m'affranchissiez malgré vous.

Sa prédiction se trouva vraie. Il arriva un prodige qui mit fort en peine les Samiens. Un aigle enleva l'anneau public (c'étoit apparemment quelque sceau que l'on apposoit aux délibérations du conseil), et le fit tomber au sein d'un esclave. Le philosophe fut consulté là-dessus, et comme étant philosophe, et comme étant un des premiers de la république. Il demanda temps, et eut recours à son oracle ordinaire : c'étoit Ésope. Celui-ci lui conseilla de le produire en public, parce que, s'il rencontroit bien, l'honneur en seroit toujours à son maître; sinon, il n'y auroit que l'esclave de blâmé. Xantus approuva la chose, et le fit monter à la tribune aux harangues. Dès qu'on le vit, chacun s'éclata de rire : personne ne s'imagina qu'il pût rien partir de raisonnable d'un homme fait de cette manière. Ésope leur dit qu'il ne falloit pas considérer la forme du vase, mais la liqueur qui y étoit enfermée. Les Samiens lui crièrent qu'il dît donc sans crainte ce qu'il jugeoit de ce prodige. Ésope s'en excusa sur ce qu'il n'osoit le faire. La Fortune, disoit-il, avoit mis un débat de gloire entre le maître et l'esclave : si l'esclave disoit mal, il seroit battu; s'il disoit mieux que le maître, il seroit battu encore. Aussitôt on pressa Xantus de l'affranchir. Le philosophe résista long-temps. A la fin le prevôt de ville le menaça de le faire de son office, et en vertu du pouvoir qu'il en avoit comme magistrat; de façon que le philosophe fut obligé de donner les mains. Cela fait, Ésope dit que les Samiens étoient menacés de servitude par ce prodige; et que l'aigle enlevant leur sceau ne signifioit autre chose qu'un roi puissant qui vouloit les assujettir.

Peu de temps après, Crésus, roi des Lydiens, fit dénoncer à ceux de Samos qu'ils eussent à se rendre ses tributaires; sinon, qu'il les y forceroit par les armes. La plupart étoient d'avis qu'on lui obéît. Ésope leur dit que la Fortune présentoit deux chemins aux hommes : l'un, de liberté, rude et épineux au commencement, mais dans la suite très-agréable; l'autre, d'esclavage, dont les commencements étoient plus aisés, mais la suite laborieuse. C'étoit conseiller assez intelligiblement aux Samiens de défendre leur liberté. Ils renvoyèrent l'ambassadeur de Crésus avec peu de satisfaction.

Crésus se mit en état de les attaquer. L'ambassadeur lui dit que, tant qu'ils auroient Ésope avec eux, il auroit peine à les réduire à ses volontés, vu la confiance qu'ils avoient au bon sens du personnage. Crésus le leur envoya demander, avec promesse de leur laisser la liberté, s'ils le lui livroient. Les principaux de la ville trouvèrent ces conditions avantageuses, et ne crurent pas que leur repos leur coûtât trop cher quand ils l'achèteroient aux dépens d'Ésope. Le Phrygien leur fit changer de sentiment en leur contant que, les loups et les brebis ayant fait un traité de paix, celles-ci donnèrent leurs chiens pour otages. Quand elles n'eurent plus de défenseurs, les loups les étranglèrent avec moins de peine qu'ils ne faisoient. Cet apologue fit son effet : les Samiens prirent une délibération toute contraire à celle qu'ils avoient prise. Ésope voulut toutefois aller vers Crésus, et dit qu'il les serviroit plus utilement étant près du roi que s'il demeuroit à Samos.

Quand Crésus le vit, il s'étonna qu'une si chétive créature lui eût été un si grand obstacle. Quoi! voilà celui qui fait qu'on s'oppose à mes volontés! s'écria-t-il. Ésope se prosterna à ses pieds. Un homme prenoit des sauterelles, dit-il; une cigale lui tomba aussi sous la main. Il s'en alloit la tuer comme il avoit fait les sauterelles. Que vous ai-je fait? dit-elle à cet homme : je ne ronge point vos blés ; je ne vous procure aucun dommage ; vous ne trouverez en moi que la voix, dont je me sers fort innocemment. Grand roi, je ressemble à cette cigale : je n'ai que la voix, et ne m'en suis point servi pour vous offenser. Crésus, touché d'admiration et de pitié, non-seulement lui pardonna, mais il laissa en repos les Samiens à sa considération.

En ce temps-là le Phrygien composa ses fables, lesquelles il laissa au roi de Lydie, et fut envoyé par lui vers les Samiens, qui décernèrent à Ésope de grands honneurs. Il lui prit aussi envie de voyager et d'aller par le monde, s'entretenant de diverses choses avec ceux que l'on appeloit philosophes. Enfin il se mit en grand crédit près de Lycérus, roi de Babylone. Les rois d'alors s'envoyoient les uns aux autres des problèmes à résoudre sur toutes sortes de matières, à condition de se payer une espèce de tribut ou d'amende, selon qu'ils répondroient bien ou mal aux questions proposées ; en quoi Lycérus, assisté d'Ésope, avoit toujours l'avantage, et se rendoit illustre parmi les autres, soit à résoudre, soit à proposer.

Cependant notre Phrygien se maria ; et, ne pouvant avoir d'enfants, il adopta un jeune homme d'extraction noble, appelé Ennus. Celui-ci le paya d'ingratitude, et fut si méchant que d'oser souiller le lit de son bienfaiteur. Cela étant venu à la connoissance d'Ésope, il le chassa. L'autre, afin de s'en venger, contrefit des lettres par lesquelles il sembloit qu'Ésope eût intelligence avec les rois qui étoient émules de Lycérus. Lycérus, persuadé par le cachet et par la signature de ces lettres, commanda à un de ses officiers nommé Hermippus que, sans chercher de plus grandes preuves, il fît mourir promptement le traître Ésope. Cet Hermippus, étant ami du Phrygien, lui sauva la vie ; et, à l'insu de tout le monde, le nourrit long-temps dans un sépulcre, jusqu'à ce que Necténabo, roi d'Égypte, sur le bruit de la mort d'Ésope, crut à l'avenir rendre Lycérus son tributaire. Il osa le provoquer, et le défia de lui envoyer des architectes qui sussent bâtir une tour en l'air, et, par même moyen, un homme prêt à répondre à toutes sortes de questions. Lycérus ayant lu les lettres et les ayant communiquées aux plus habiles de son état, chacun d'eux demeura court; ce qui fit que le roi regretta Ésope; quand Hermippus lui dit qu'il n'étoit pas mort et le fit venir. Le Phrygien fut très-bien reçu, se justifia, et pardonna à Ennus. Quant à la lettre du roi d'Égypte, il n'en fit que rire, et manda qu'il enverroit au printemps les architectes et le répondant à toutes sortes de questions. Lycérus remit Ésope en possession de tous ses biens, et lui fit livrer Ennus pour en faire ce qu'il voudroit. Ésope le reçut comme son enfant; et, pour toute punition, lui recommanda d'honorer les dieux et son prince, se rendre terrible à ses ennemis, facile et commode aux autres; bien traiter sa femme, sans pourtant lui confier son secret; parler peu, et chasser de chez soi les babillards; ne se point laisser abattre au malheur; avoir soin du lendemain, car il vaut mieux enrichir ses ennemis par sa mort que d'être importun à ses amis pendant son vivant; surtout n'être point envieux du bonheur ni de la vertu d'autrui, d'autant que c'est se faire du mal à soi-même. Ennus, touché de ces avertissements et de la bonté d'Ésope, comme d'un trait qui lui auroit pénétré le cœur, mourut peu de temps après.

Pour revenir au défi de Necténabo, Ésope choisit des aiglons, et les fit instruire (chose difficile a croire); il les fit, dis-je, instruire à porter en l'air chacun un panier, dans lequel étoit un jeune enfant. Le printemps venu, il s'en alla en Égypte avec tout cet équipage; non sans tenir en grande admiration et en attente de son dessein les peuples chez qui il passoit. Necténabo, qui, sur le bruit de sa mort, avoit envoyé l'énigme, fut extrêmement surpris de son arrivée. Il ne s'y attendoit pas, et ne se fût jamais engagé dans un tel défi contre Lycérus, s'il eût cru Ésope vivant. Il lui demanda s'il avoit amené les architectes et le répondant. Ésope dit que le répondant étoit lui-même, et qu'il feroit voir les architectes quand il seroit sur le lieu. On sortit en pleine campagne, où les aigles enlevèrent les paniers avec les petits enfants, qui crioient qu'on leur donnât du mortier, des pierres et du bois. Vous voyez, dit Ésope à Necténabo, je vous ai trouvé des ouvriers; fournissez-leur des matériaux. Necténabo avoua que Lycérus étoit le vainqueur. Il proposa toutefois ceci à Ésope : J'ai des cavales en Égypte qui conçoivent au hennissement des chevaux qui sont devers Babylone. Qu'avez-vous à répondre là-dessus ? Le Phrygien remit sa réponse au lendemain; et, retourné qu'il fut au logis, il commanda à des enfants de prendre un chat, et de le mener fouettant par les rues. Les Égyptiens, qui adorent cet animal, se trouvèrent extrêmement scandalisés du traitement que l'on lui faisoit. Ils l'arrachèrent des mains des enfants, et allèrent se plaindre au roi. On fit venir en sa présence le Phrygien. Ne savez-vous pas, lui dit le roi, que cet animal est un de nos dieux? Pourquoi donc le faites-vous traiter de la sorte? C'est pour l'offense qu'il a commise envers Lycérus, reprit Ésope; car, la nuit dernière, il lui a étranglé un coq extrêmement courageux, et qui chantoit à toutes les heures. Vous êtes un menteur, repartit le roi : comment seroit-il possible que ce chat eût fait en si peu de temps un si long voyage? Et comment est-il possible, reprit Ésope, que vos juments entendent de si loin nos chevaux hennir, et conçoivent pour les entendre?

En suite de cela, le roi fit venir d'Héliopolis certains personnages d'esprit subtil, et savants en questions énigmatiques. Il leur fit un grand régal, où le Phrygien fut invité. Pendant le repas, ils proposèrent à Ésope diverses choses, celle-ci entre autres : Il y a un grand temple qui est appuyé sur une colonne entourée de douze villes; chacune desquelles a trente arcs-boutants, et autour de ces arcs-boutants se promènent, l'une après l'autre, deux femmes, l'une blanche, l'autre noire. Il faut renvoyer, dit Ésope, cette question aux petits enfants de notre pays. Le temple est le monde; la colonne, l'an; les villes, ce sont les mois; et les arcs-boutants, les jours, autour desquels se promènent alternativement le jour et la nuit.

Le lendemain, Necténabo assembla tous ses amis. Souffrirez-vous, leur dit-il, qu'une moitié d'homme, qu'un avorton, soit la cause que Lycérus remporte le prix, et que j'aie la confusion pour mon partage? Un d'eux s'avisa de demander à Ésope qu'il leur fît des questions de choses dont ils n'eussent jamais entendu parler. Ésope écrivit une cédule par laquelle Necténabo confessoit devoir deux mille talents à Lycérus. La cédule fut mise entre les mains de Necténabo toute cachetée. Avant qu'on l'ouvrît, les amis du prince soutinrent que la chose contenue dans cet écrit étoit de leur connoissance. Quand on l'eut ouverte, Necténabo s'écria : Voilà la plus grande fausseté du monde; je vous en prends à témoins tous tant que vous êtes. Il est vrai, repartirent-ils, que nous n'en avons jamais entendu parler. J'ai donc satisfait à votre demande, reprit Ésope. Necténabo le renvoya comblé de présents, tant pour lui que pour son maître.

Le séjour qu'il fit en Égypte est peut-être cause que quelques-uns ont écrit qu'il fut esclave avec Rhodopé; celle-là qui, des libéralités de ses amants, fit élever une des trois pyramides qui subsistent encore, et qu'on voit avec admiration : c'est la plus petite, mais celle qui est bâtie avec le plus d'art.

Ésope, à son retour dans Babylone, fut reçu de Lycérus avec de grandes démonstrations de joie et de bienveillance : ce roi lui fit ériger une statue. L'envie de voir et d'apprendre le fit renoncer à tous ces honneurs. Il quitta la cour de Lycérus, où il avoit tous les avantages qu'on peut souhaiter, et prit congé de ce prince pour voir la Grèce encore une fois. Lycérus ne le laissa point partir sans embrassements et sans larmes, et sans le faire promettre sur les autels qu'il reviendroit achever ses jours auprès de lui.

Entre les villes où il s'arrêta, Delphes fut une des principales. Les Delphiens l'écoutèrent fort volontiers; mais ils ne lui rendirent point d'honneurs. Ésope, piqué de ce mépris, les compara aux bâtons qui flottent sur l'onde : on s'imagine de loin que c'est quelque chose de considérable; de près, on trouve que ce n'est rien. La comparaison lui coûta cher. Les Delphiens en conçurent une telle haine et un si violent désir de vengeance (outre qu'ils craignoient d'être décriés par lui), qu'ils résolurent de l'ôter du monde. Pour y parvenir, ils cachèrent parmi ses hardes un de leurs vases sacrés, prétendant que par ce moyen ils convaincroient Ésope de vol et de sacrilége, et qu'ils le condamneroient à la mort.

Comme il fut sorti de Delphes, et qu'il eut pris le chemin de la Phocide, les Delphiens accoururent comme gens qui étoient en peine. Ils l'accusèrent d'avoir dérobé leur vase; Ésope le nia avec des serments : on chercha dans son équipage, et il fut trouvé. Tout ce qu'Ésope put dire n'empêcha point qu'on ne le traitât comme un criminel infâme. Il fut ramené à Delphes, chargé de fers, mis dans des cachots, puis condamné à être précipité. Rien ne lui servit de se défendre avec ses armes ordinaires, et de raconter des apologues : les Delphiens s'en moquèrent.

La grenouille, leur dit-il, avoit invité le rat à la venir voir. Afin de lui faire traverser l'onde, elle l'attacha à son pied. Dès qu'il fut sur l'eau, elle voulut le tirer au fond, dans le dessein de le noyer, et d'en faire ensuite un repas. Le malheureux rat résista quelque peu de temps. Pendant qu'il se débattoit sur l'eau, un oiseau de proie l'aperçut, fondit sur lui; et l'ayant enlevé avec la grenouille, qui ne se put détacher, il se reput de l'un et de l'autre. C'est ainsi, Delphiens abominables, qu'un plus puissant que nous me vengera : je périrai; mais vous périrez aussi.

Comme on le conduisoit au supplice, il trouva moyen de s'échapper, et entra dans une petite chapelle dédiée à Apollon. Les Delphiens l'en arrachèrent. Vous violez cet asile, leur dit-il, parce que ce n'est qu'une petite chapelle; mais un jour viendra que votre méchanceté ne trouvera point de retraite sûre, non pas même dans les temples. Il vous arrivera la même chose qu'à l'aigle, laquelle, nonobstant les prières de l'escarbot, enleva un lièvre qui s'étoit réfugié chez lui : la génération de l'aigle en fut punie jusque dans le giron de Jupiter. Les Delphiens, peu touchés de tous ces exemples, le précipitèrent.

Peu de temps après sa mort, une peste très-violente exerça sur eux ses ravages. Ils demandèrent à l'oracle par quels moyens ils pourroient apaiser le courroux des dieux. L'oracle leur répondit qu'il n'y en avoit point d'autre que d'expier leur forfait, et satisfaire aux mânes d'Ésope. Aussitôt une pyramide fut élevée. Les dieux ne témoignèrent pas seuls combien ce crime leur déplaisoit : les hommes vengèrent aussi la mort de leur sage. La Grèce envoya des commissaires pour en informer, et en fit une punition rigoureuse.

A MONSEIGNEUR
LE DAUPHIN.

Je chante les héros dont Ésope est le père ;
Troupe de qui l'histoire, encor que mensongère,
Contient des vérités qui servent de leçons.
Tout parle en mon ouvrage, et même les poissons :
Ce qu'ils disent s'adresse à tous tant que nous sommes ;
Je me sers d'animaux pour instruire les hommes.
Illustre rejeton d'un prince aimé des cieux,
Sur qui le monde entier a maintenant les yeux,
Et qui, faisant fléchir les plus superbes têtes,
Comptera désormais ses jours par ses conquêtes,
Quelque autre te dira d'une plus forte voix
Les faits de tes aïeux et les vertus des rois :

Je vais t'entretenir de moindres aventures,
Te tracer en ces vers de légères peintures;
Et si de t'agréer je n'emporte le prix,
J'aurai du moins l'honneur de l'avoir entrepris.

FABLES

DE

LA FONTAINE.

LIVRE PREMIER.

FABLE PREMIÈRE.

La Cigale et la Fourmi.

La cigale ayant chanté
    Tout l'été,
Se trouva fort dépourvue
Quand la bise fut venue :
Pas un seul petit morceau
De mouche ou de vermisseau !
Elle alla crier famine
Chez la fourmi sa voisine,
La priant de lui prêter
Quelque grain pour subsister

Jusqu'à la saison nouvelle.
Je vous paîrai, lui dit-elle,
Avant l'août[1], foi d'animal,
Intérêt et principal.
La fourmi n'est pas prêteuse :
C'est là son moindre défaut.
Que faisiez-vous au temps chaud?
Dit-elle à cette emprunteuse. —
Nuit et jour à tout venant
Je chantois, ne vous déplaise. —
Vous chantiez! j'en suis fort aise.
Eh bien! dansez maintenant.

[1] La moisson.

FABLE II.

Le Corbeau et le Renard.

Maître corbeau, sur un arbre perché,
  Tenoit en son bec un fromage.
Maître renard, par l'odeur alléché,
  Lui tint à peu près ce langage :
  Hé! bonjour, monsieur du corbeau.
Que vous êtes joli! que vous me semblez beau!
  Sans mentir, si votre ramage
  Se rapporte à votre plumage,
Vous êtes le phénix des hôtes de ces bois.
A ces mots le corbeau ne se sent pas de joie;
  Et, pour montrer sa belle voix,
Il ouvre un large bec, laisse tomber sa proie.
Le renard s'en saisit, et dit : Mon bon monsieur,
  Apprenez que tout flatteur
  Vit aux dépens de celui qui l'écoute :
Cette leçon vaut bien un fromage, sans doute.
  Le corbeau, honteux et confus,
Jura, mais un peu tard, qu'on ne l'y prendroit plus.

FABLE III.

La Grenouille qui veut se faire aussi grosse que le Bœuf.

Une grenouille vit un bœuf
Qui lui sembla de belle taille.
Elle, qui n'étoit pas grosse en tout comme un œuf,
Envieuse, s'étend, et s'enfle, et se travaille
Pour égaler l'animal en grosseur ;
Disant : Regardez bien, ma sœur ;
Est-ce assez ? dites-moi ; n'y suis-je point encore ? —
Nenni.—M'y voici donc?—Point du tout.—M'y voilà?—
Vous n'en approchez point. La chétive pécore
S'enfla si bien qu'elle creva.

Le monde est plein de gens qui ne sont pas plus sages :
Tout bourgeois veut bâtir comme les grands seigneurs ;
Tout petit prince a des ambassadeurs ;
Tout marquis veut avoir des pages.

FABLE IV.

Les deux Mulets.

Deux mulets cheminoient, l'un d'avoine chargé,
　　L'autre portant l'argent de la gabelle.
Celui-ci, glorieux d'une charge si belle,
N'eût voulu pour beaucoup en être soulagé.
　　　　Il marchoit d'un pas relevé,
　　　　Et faisoit sonner sa sonnette ;
　　　　Quand l'ennemi se présentant,
　　　　Comme il en vouloit à l'argent,
Sur le mulet du fisc une troupe se jette,
　　　　Le saisit au frein, et l'arrête.
　　　　Le mulet, en se défendant,
Se sent percer de coups ; il gémit, il soupire.
Est-ce donc là, dit-il, ce qu'on m'avoit promis ?
Ce mulet qui me suit du danger se retire,
　　　　Et moi j'y tombe, et je péris !
　　　　Ami, lui dit son camarade,
Il n'est pas toujours bon d'avoir un haut emploi :
Si tu n'avois servi qu'un meunier, comme moi,
　　　　Tu ne serois pas si malade.

FABLE V.

Le Loup et le Chien.

Un loup n'avoit que les os et la peau,
 Tant les chiens faisoient bonne garde :
Ce loup rencontre un dogue aussi puissant que beau,
Gras, poli [1], qui s'étoit fourvoyé par mégarde.
 L'attaquer, le mettre en quartiers,
 Sire loup l'eût fait volontiers :
 Mais il falloit livrer bataille;
 Et le mâtin étoit de taille
 A se défendre hardiment.
 Le loup donc l'aborde humblement,
Entre en propos, et lui fait compliment
 Sur son embonpoint, qu'il admire.
 Il ne tiendra qu'à vous, beau sire,
D'être aussi gras que moi, lui repartit le chien.
 Quittez les bois, vous ferez bien :
 Vos pareils y sont misérables,
 Cancres, hères, et pauvres diables,
Dont la condition est de mourir de faim.
Car, quoi! rien d'assuré! point de franche lippée!

[1] Le mot *poli* signifie ici luisant de graisse.

Tout à la pointe de l'épée!
Suivez-moi, vous aurez un bien meilleur destin.
　Le loup reprit : Que me faudra-t-il faire?
Presque rien, dit le chien : donner la chasse aux gens
　　　Portant bâtons, et mendiants;
Flatter ceux du logis, à son maître complaire :
　　Moyennant quoi votre salaire
Sera force reliefs[1] de toutes les façons,
　　Os de poulets, os de pigeons,
　　Sans parler de mainte caresse.
Le loup déjà se forge une félicité
　　Qui le fait pleurer de tendresse.
Chemin faisant, il vit le cou du chien pelé.
Qu'est-ce là? lui dit-il.—Rien.—Quoi! rien?—Peu de chose.—
Mais encor?—Le collier dont je suis attaché
De ce que vous voyez est peut-être la cause.
Attaché! dit le loup : vous ne courez donc pas
　　Où vous voulez?—Pas toujours; mais qu'importe?—
Il importe si bien, que de tous vos repas
　　　Je ne veux en aucune sorte,
Et ne voudrois pas même à ce prix un trésor.
Cela dit, maître loup s'enfuit, et court encor.

[1] Restes de repas.

FABLE VI.

La Génisse, la Chèvre, et la Brebis, en société avec le Lion.

La génisse, la chèvre, et leur sœur la brebis,
Avec un fier lion, seigneur du voisinage,
Firent société, dit-on, au temps jadis,
Et mirent en commun le gain et le dommage.
Dans les lacs de la chèvre un cerf se trouva pris.
Vers ses associés aussitôt elle envoie.
Eux venus, le lion par ses ongles compta;
Et dit : Nous sommes quatre à partager la proie.
Puis en autant de parts le cerf il dépeça;
Prit pour lui la première, en qualité de sire :
Elle doit être à moi, dit-il; et la raison,
    C'est que je m'appelle lion :
    A cela l'on n'a rien à dire.
La seconde, par droit, me doit échoir encor :
Ce droit, vous le savez, c'est le droit du plus fort.
Comme le plus vaillant, je prétends la troisième.
Si quelqu'une de vous touche à la quatrième,
    Je l'étranglerai tout d'abord.

FABLE VII.

La Besace.

Jupiter dit un jour : Que tout ce qui respire
S'en vienne comparoître aux pieds de ma grandeur :
Si dans son composé quelqu'un trouve à redire,
    Il peut le déclarer sans peur ;
    Je mettrai remède à la chose.
Venez, singe ; parlez le premier, et pour cause :
Voyez ces animaux, faites comparaison
    De leurs beautés avec les vôtres.
Êtes-vous satisfait? Moi! dit-il; pourquoi non?
N'ai-je pas quatre pieds aussi-bien que les autres?
Mon portrait jusqu'ici ne m'a rien reproché :
Mais pour mon frère l'ours, on ne l'a qu'ébauché ;
Jamais, s'il me veut croire, il ne se fera peindre.
L'ours venant là-dessus, on crut qu'il s'alloit plaindre.
Tant s'en faut : de sa forme il se loua très-fort,
Glosa sur l'éléphant, dit qu'on pourroit encor
Ajouter à sa queue, ôter à ses oreilles ;
Que c'étoit une masse informe et sans beauté.
    L'éléphant étant écouté,
Tout sage qu'il étoit, dit des choses pareilles :

Il jugea qu'à son appétit
  Dame baleine étoit trop grosse.
Dame fourmi trouva le ciron trop petit,
  Se croyant, pour elle, un colosse.
Jupin les renvoya s'étant censurés tous,
Du reste, contents d'eux. Mais parmi les plus fous
Notre espèce excella; car tout ce que nous sommes,
Lynx envers nos pareils, et taupes envers nous,
Nous nous pardonnons tout, et rien aux autres hommes :
On se voit d'un autre œil qu'on ne voit son prochain.
  Le fabricateur souverain
Nous créa besaciers tous de même manière,
Tant ceux du temps passé que du temps d'aujourd'hui :
Il fit pour nos défauts la poche de derrière,
Et celle de devant pour les défauts d'autrui.

FABLE VIII.

L'Hirondelle et les petits Oiseaux.

Une hirondelle en ses voyages
Avoit beaucoup appris. Quiconque a beaucoup vu
    Peut avoir beaucoup retenu.
Celle-ci prévoyoit jusqu'aux moindres orages,
    Et, devant qu'ils fussent éclos,
    Les annonçoit aux matelots.
Il arriva qu'au temps que la chanvre se sème,
Elle vit un manant[1] en couvrir maints sillons.
Ceci ne me plaît pas, dit-elle aux oisillons :
Je vous plains ; car, pour moi, dans ce péril extrême,
Je saurai m'éloigner, ou vivre en quelque coin.
Voyez-vous cette main qui par les airs chemine ?
    Un jour viendra, qui n'est pas loin,
Que ce qu'elle répand sera votre ruine.
De là naîtront engins[2] à vous envelopper,
    Et lacets pour vous attraper,
    Enfin mainte et mainte machine
    Qui causera dans la saison

---

[1] Habitant de la campagne. Ce mot ne se prend plus qu'en mauvaise part.
[2] Instrumens, machines.

Votre mort ou votre prison :
Gare la cage ou le chaudron !
C'est pourquoi, leur dit l'hirondelle,
Mangez ce grain ; et croyez-moi.
Les oiseaux se moquèrent d'elle :
Ils trouvoient aux champs trop de quoi.
Quand la chenevière fut verte,
L'hirondelle leur dit : Arrachez brin à brin
    Ce qu'a produit ce maudit grain,
    Ou soyez sûrs de votre perte.
Prophète de malheur ! babillarde ! dit-on,
    Le bel emploi que tu nous donnes !
    Il nous faudroit mille personnes
    Pour éplucher tout ce canton.
    La chanvre[1] étant tout-à-fait crûe,
L'hirondelle ajouta : Ceci ne va pas bien ;
    Mauvaise graine est tôt venue.
Mais, puisque jusqu'ici l'on ne m'a crue en rien,
    Dès que vous verrez que la terre
    Sera couverte, et qu'à leurs blés
    Les gens n'étant plus occupés
    Feront aux oisillons la guerre ;
    Quand reginglettes et réseaux
    Attraperont petits oiseaux,
    Ne volez plus de place en place,

---

[1] Chanvre s'employoit autrefois au féminin comme au masculin.

Demeurez au logis, ou changez de climat :
Imitez le canard, la grue, et la bécasse.
    Mais vous n'êtes pas en état
De passer comme nous les déserts et les ondes,
    Ni d'aller chercher d'autres mondes :
C'est pourquoi vous n'avez qu'un parti qui soit sûr;
C'est de vous renfermer aux trous de quelque mur.
    Les oisillons, las de l'entendre,
Se mirent à jaser aussi confusément
Que faisoient les Troyens quand la pauvre Cassandre
    Ouvroit la bouche seulement.
    Il en prit aux uns comme aux autres :
Maint oisillon se vit esclave retenu.

Nous n'écoutons d'instincts que ceux qui sont les nôtres,
Et ne croyons le mal que quand il est venu.

FABLE IX.

Le Rat de Ville et le Rat des Champs.

Autrefois le rat de ville
Invita le rat des champs,
D'une façon fort civile,
A des reliefs d'ortolans.

Sur un tapis de Turquie
Le couvert se trouva mis.
Je laisse à penser la vie
Que firent ces deux amis.

Le régal fut fort honnête;
Rien ne manquoit au festin :
Mais quelqu'un troubla la fête
Pendant qu'ils étoient en train.

A la porte de la salle
Ils entendirent du bruit :
Le rat de ville détale ;
Son camarade le suit.

LIVRE I.

Le bruit cesse, on se retire :
Rats en campagne aussitôt ;
Et le citadin de dire :
Achevons tout notre rôt.

C'est assez, dit le rustique :
Demain vous viendrez chez moi.
Ce n'est pas que je me pique
De tous vos festins de roi :

Mais rien ne vient m'interrompre ;
Je mange tout à loisir.
Adieu donc. Fi du plaisir
Que la crainte peut corrompre !

FABLE X.

Le Loup et l'Agneau.

La raison du plus fort est toujours la meilleure :
Nous l'allons montrer tout à l'heure.

Un agneau se désaltéroit
Dans le courant d'une onde pure.
Un loup survient à jeun, qui cherchoit aventure,
Et que la faim en ces lieux attiroit.
Qui te rend si hardi de troubler mon breuvage?
Dit cet animal plein de rage :
Tu seras châtié de ta témérité.
Sire, répond l'agneau, que votre majesté
Ne se mette pas en colère;
Mais plutôt qu'elle considère
Que je me vas désaltérant
Dans le courant
Plus de vingt pas au-dessous d'elle;
Et que par conséquent, en aucune façon,
Je ne puis troubler sa boisson.
Tu la troubles! reprit cette bête cruelle;
Et je sais que de moi tu médis l'an passé.

Comment l'aurois-je fait si je n'étois pas né?
 Reprit l'agneau; je tette encore ma mère. —
  Si ce n'est toi, c'est donc ton frère. —
Je n'en ai point. — C'est donc quelqu'un des tiens;
  Car vous ne m'épargnez guère,
  Vous, vos bergers et vos chiens.
On me l'a dit : il faut que je me venge.
  Là-dessus, au fond des forêts
  Le loup l'emporte, et puis le mange,
  Sans autre forme de procès.

FABLE XI.

L'Homme et son Image.

POUR M. LE DUC DE LA ROCHEFOUCAULD.

Un homme qui s'aimoit sans avoir de rivaux
Passoit dans son esprit pour le plus beau du monde :
Il accusoit toujours les miroirs d'être faux,
Vivant plus que content dans son erreur profonde.
Afin de le guérir, le sort officieux
    Présentoit partout à ses yeux
Les conseillers muets dont se servent nos dames :
Miroirs dans les logis, miroirs chez les marchands,
    Miroirs aux poches des galants,
    Miroirs aux ceintures des femmes.
Que fait notre Narcisse ? il va se confiner
Aux lieux les plus cachés qu'il peut s'imaginer,
N'osant plus des miroirs éprouver l'aventure.
Mais un canal, formé par une source pure,
    Se trouve en ces lieux écartés :
Il s'y voit, il se fâche ; et ses yeux irrités
Pensent apercevoir une chimère vaine.
Il fait tout ce qu'il peut pour éviter cette eau :

Mais quoi! le canal est si beau,
Qu'il ne le quitte qu'avec peine.

On voit bien où je veux venir.
Je parle à tous; et cette erreur extrême
Est un mal que chacun se plaît d'entretenir.
Notre âme c'est cet homme amoureux de lui-même :
Tant de miroirs, ce sont les sottises d'autrui,
Miroirs, de nos défauts les peintres légitimes;
Et quant au canal, c'est celui
Que chacun sait, le livre des Maximes.

FABLE XII.

Le Dragon à plusieurs têtes, et le Dragon à plusieurs queues.

Un envoyé du grand-seigneur
Préféroit, dit l'histoire, un jour chez l'empereur
Les forces de son maître à celles de l'Empire.
　　Un Allemand se mit à dire :
　　Notre prince a des dépendants
　　Qui de leur chef sont si puissants,
Que chacun d'eux pourroit soudoyer une armée.
　　Le chiaoux[1], homme de sens,
　　Lui dit : Je sais par renommée
Ce que chaque électeur peut de monde fournir ;
　　Et cela me fait souvenir
D'une aventure étrange, et qui pourtant est vraie.

J'étois en un lieu sûr, lorsque je vis passer
Les cent têtes d'une hydre au travers d'une haie.
　　Mon sang commence à se glacer ;
　　Et je crois qu'à moins on s'effraie.

[1] Corruption du mot *tchaouch*. Les tchaouchs sont des espèces de messagers d'état, ou des envoyés du tchaouch-bacha, qui portent les ordres du grand-seigneur, ou introduisent en sa présence les ambassadeurs.

Je n'en eus toutefois que la peur sans le mal :
    Jamais le corps de l'animal
Ne put venir vers moi, ni trouver d'ouverture.
    Je rêvois à cette aventure
Quand un autre dragon, qui n'avoit qu'un seul chef,
Et bien plus d'une queue, à passer se présente.
    Me voilà saisi derechef
    D'étonnement et d'épouvante.
Ce chef passe, et le corps, et chaque queue aussi :
Rien ne les empêcha ; l'un fit chemin à l'autre.
    Je soutiens qu'il en est ainsi
    De votre empereur et du nôtre.

FABLE XIII.

Les Voleurs et l'Ane.

Pour un âne enlevé deux voleurs se battoient :
L'un vouloit le garder, l'autre le vouloit vendre.
 Tandis que coups de poing trottoient,
Et que nos champions songeoient à se défendre,
  Arrive un troisième larron
  Qui saisit maître aliboron [1].

L'âne, c'est quelquefois une pauvre province :
  Les voleurs sont tel et tel prince
Comme le Transilvain, le Turc, et le Hongrois.
 Au lieu de deux, j'en ai rencontré trois :
 Il est assez de cette marchandise.
De nul d'eux n'est souvent la province conquise :
Un quart [2] voleur survient, qui les accorde net
  En se saisissant du baudet.

[1] Expression fréquemment employée par La Fontaine et nos anciens auteurs pour désigner un âne.

[2] Pour *un quatrième* voleur.

FABLE XIV.

Simonide préservé par les Dieux.

On ne peut trop louer trois sortes de personnes :
    Les dieux, sa maîtresse, et son roi.
Malherbe le disoit : j'y souscris, quant à moi;
    Ce sont maximes toujours bonnes.
La louange chatouille et gagne les esprits :
Les faveurs d'une belle en sont souvent le prix.
Voyons comme les dieux l'ont quelquefois payée.

    Simonide avoit entrepris
L'éloge d'un athlète; et, la chose essayée,
Il trouva son sujet plein de récits tout nus.
Les parents de l'athlète étoient gens inconnus;
Son père, un bon bourgeois; lui, sans autre mérite :
    Matière infertile et petite.
Le poëte d'abord parla de son héros.
Après en avoir dit ce qu'il en pouvoit dire,
Il se jette à côté, se met sur le propos
De Castor et Pollux; ne manque pas d'écrire
Que leur exemple étoit aux lutteurs glorieux;
Élève leurs combats, spécifiant les lieux

Où ces frères s'étoient signalés davantage :
  Enfin l'éloge de ces dieux
  Faisoit les deux tiers de l'ouvrage.
L'athlète avoit promis d'en payer un talent :
  Mais quand il le vit, le galant
N'en donna que le tiers ; et dit, fort franchement
Que Castor et Pollux acquittassent le reste :
Faites-vous contenter par ce couple céleste.
  Je vous veux traiter cependant :
Venez souper chez moi ; nous ferons bonne vie :
  Les conviés sont gens choisis,
  Mes parents, mes meilleurs amis ;
  Soyez donc de la compagnie.
Simonide promit. Peut-être qu'il eut peur
De perdre, outre son dû, le gré de sa louange.
  Il vient : l'on festine, l'on mange.
  Chacun étant en belle humeur,
Un domestique accourt, l'avertit qu'à la porte
Deux hommes demandoient à le voir promptement.
  Il sort de table ; et la cohorte
  N'en perd pas un seul coup de dent.
Ces deux hommes étoient les gémeaux de l'éloge.
Tous deux lui rendent grâce ; et, pour prix de ses vers,
  Ils l'avertissent qu'il déloge,
Et que cette maison va tomber à l'envers.
  La prédiction en fut vraie.

Un pilier manque ; et le plafonds,
 Ne trouvant plus rien qui l'étaie,
Tombe sur le festin, brise plats et flacons,
 N'en fait pas moins aux échansons.
Ce ne fut pas le pis : car, pour rendre complète
 La vengeance due au poëte,
Une poutre cassa les jambes à l'athlète,
 Et renvoya les conviés
 Pour la plupart estropiés.
La renommée eut soin de publier l'affaire :
Chacun cria : Miracle! On doubla le salaire
Que méritoient les vers d'un homme aimé des dieux.
 Il n'étoit fils de bonne mère
 Qui, les payant à qui mieux mieux,
 Pour ses ancêtres n'en fît faire.

Je reviens à mon texte : et dis premièrement
Qu'on ne sauroit manquer de louer largement
Les dieux et leurs pareils ; de plus, que Melpomène
Souvent, sans déroger, trafique de sa peine ;
Enfin, qu'on doit tenir notre art en quelque prix.
Les grands se font honneur dès lors qu'ils nous font grâce :
 Jadis l'Olympe et le Parnasse
 Étoient frères et bons amis.

FABLE XV.

La Mort et le Malheureux.

Un malheureux appeloit tous les jours
    La Mort à son secours.
O Mort! lui disoit-il, que tu me sembles belle!
Viens vite, viens finir ma fortune cruelle!
La Mort crut, en venant, l'obliger en effet.
Elle frappe à sa porte, elle entre, elle se montre.
Que vois-je! cria-t-il : ôtez-moi cet objet!
    Qu'il est hideux! que sa rencontre
    Me cause d'horreur et d'effroi!
N'approche pas, ô Mort! ô Mort, retire-toi!

    Mécénas fut un galant homme;
Il a dit quelque part : Qu'on me rende impotent,
Cul-de-jatte, goutteux, manchot, pourvu qu'en somme
Je vive, c'est assez, je suis plus que content.
Ne viens jamais, ô Mort! on t'en dit tout autant.

    Ce sujet a été traité d'une autre façon par Ésope, comme la fable suivante le fera voir. Je composai celle-ci pour une raison qui me contraignoit de rendre la chose ainsi générale. Mais quelqu'un me fit connoitre que j'eusse beaucoup mieux fait de suivre mon original, et que je laissois passer un des plus beaux traits qui fût dans Ésope. Cela m'obligea d'y avoir recours. Nous ne saurions aller plus avant que les anciens : ils ne nous ont laissé que la gloire de les bien suivre. Je joins toutefois ma fable à celle d'Ésope, non que la mienne le mérite, mais à cause du mot de Mécénas que j'y fais entrer, et qui est si beau et si à propos, que je n'ai pas cru le devoir omettre.

FABLE XVI.

La Mort et le Bûcheron.

Un pauvre bûcheron, tout couvert de ramée,
Sous le faix du fagot aussi bien que des ans
Gémissant et courbé, marchoit à pas pesants,
Et tâchoit de gagner sa chaumine enfumée.
Enfin, n'en pouvant plus d'effort et de douleur,
Il met bas son fagot, il songe à son malheur.
Quel plaisir a-t-il eu depuis qu'il est au monde?
En est-il un plus pauvre en la machine ronde?
Point de pain quelquefois, et jamais de repos :
Sa femme, ses enfants, les soldats, les impôts,
    Le créancier et la corvée,
Lui font d'un malheureux la peinture achevée.
Il appelle la Mort. Elle vient sans tarder,
    Lui demande ce qu'il faut faire.
    C'est, dit-il, afin de m'aider
A recharger ce bois; tu ne tarderas guère.

    Le trépas vient tout guérir;
    Mais ne bougeons d'où nous sommes :
    PLUTÔT SOUFFRIR QUE MOURIR,
    C'est la devise des hommes.

FABLE XVII.

L'Homme entre deux âges, et ses deux Maîtresses.

Un homme de moyen âge,
Et tirant sur le grison,
Jugea qu'il étoit saison
De songer au mariage.
Il avoit du comptant,
Et partant
De quoi choisir; toutes vouloient lui plaire :
En quoi notre amoureux ne se pressoit pas tant;
Bien adresser n'est pas petite affaire.
Deux veuves sur son cœur eurent le plus de part :
L'une encor verte; et l'autre un peu bien mûre,
Mais qui réparoit par son art
Ce qu'avoit détruit la nature.
Ces deux veuves, en badinant,
En riant, en lui faisant fête,
L'alloient quelquefois testonnant,
C'est-à-dire ajustant sa tête.
La vieille, à tout moment, de sa part emportoit
Un peu du poil noir qui restoit,
Afin que son amant en fût plus à sa guise.

La jeune saccageoit les poils blancs à son tour.
Toutes deux firent tant, que notre tête grise
Demeura sans cheveux, et se douta du tour.
Je vous rends, leur dit-il, mille grâces, les belles,
  Qui m'avez si bien tondu :
  J'ai plus gagné que perdu ;
  Car d'hymen point de nouvelles.
Celle que je prendrois voudroit qu'à sa façon
  Je vécusse, et non à la mienne.
  Il n'est tête chauve qui tienne :
Je vous suis obligé, belles, de la leçon.

FABLE XVIII.

Le Renard et la Cicogne.

Compère le renard se mit un jour en frais,
Et retint à dîner commère la cicogne.
Le régal fut petit et sans beaucoup d'apprêts :
    Le galant, pour toute besogne,
Avoit un brouet clair; il vivoit chichement.
Ce brouet fut par lui servi sur une assiette :
La cicogne au long bec n'en put attraper miette;
Et le drôle eut lapé le tout en un moment.
    Pour se venger de cette tromperie,
A quelque temps de là, la cicogne le prie.
Volontiers, lui dit-il; car avec mes amis
    Je ne fais point cérémonie.
    A l'heure dite, il courut au logis
      De la cicogne son hôtesse;
      Loua très fort sa politesse;
      Trouva le dîner cuit à point :
Bon appétit surtout; renards n'en manquent point.
Il se réjouissoit à l'odeur de la viande
Mise en menus morceaux, et qu'il croyoit friande.
    On servit, pour l'embarrasser,

En un vase à long col et d'étroite embouchure.
Le bec de la cicogne y pouvoit bien passer ;
Mais le museau du sire étoit d'autre mesure.
Il lui fallut à jeun retourner au logis,
Honteux comme un renard qu'une poule auroit pris,
Serrant la queue et portant bas l'oreille.

Trompeurs, c'est pour vous que j'écris :
Attendez-vous à la pareille.

FABLE XIX.

L'Enfant et le Maître d'école.

Dans ce récit je prétends faire voir
D'un certain sot la remontrance vaine.

Un jeune enfant dans l'eau se laissa choir,
En badinant sur les bords de la Seine.
Le ciel permit qu'un saule se trouva,
Dont le branchage, après Dieu, le sauva.
S'étant pris, dis-je, aux branches de ce saule,
Par cet endroit passe un maître d'école ;
L'enfant lui crie : Au secours ! je péris !
Le magister, se tournant à ses cris,
D'un ton fort grave à contre-temps s'avise
De le tancer. Ah ! le petit babouin !
Voyez, dit-il, où l'a mis sa sottise !
Et puis, prenez de tels fripons le soin !
Que les parents sont malheureux, qu'il faille
Toujours veiller à semblable canaille !
Qu'ils ont de maux ! et que je plains leur sort !
Ayant tout dit, il mit l'enfant à bord.

Je blâme ici plus de gens qu'on ne pense.
Tout babillard, tout censeur, tout pédant,
Se peut connoître au discours que j'avance.
Chacun des trois fait un peuple fort grand :
Le créateur en a béni l'engeance.
En toute affaire ils ne font que songer
    Au moyen d'exercer leur langue.
Eh! mon ami, tire-moi de danger;
    Tu feras après ta harangue.

FABLE XX.

Le Coq et la Perle.

Un jour un coq détourna
Une perle, qu'il donna
Au beau premier lapidaire.
Je la crois fine, dit-il;
Mais le moindre grain de mil
Seroit bien mieux mon affaire.

Un ignorant hérita
D'un manuscrit, qu'il porta
Chez son voisin le libraire.
Je crois, dit-il, qu'il est bon;
Mais le moindre ducaton
Seroit bien mieux mon affaire.

FABLE XXI.

Les Frélons et les Mouches à miel.

A l'œuvre on connoît l'artisan.

Quelques rayons de miel sans maître se trouvèrent :
      Des frelons les réclamèrent ;
      Des abeilles s'opposant,
Devant certaine guêpe on traduisit la cause.
Il étoit malaisé de décider la chose :
Les témoins déposoient qu'autour de ces rayons
Des animaux ailés, bourdonnants, un peu longs,
De couleur fort tannée, et tels que les abeilles,
Avoient long-temps paru. Mais quoi! dans les frelons
      Ces enseignes étoient pareilles.
La guêpe, ne sachant que dire à ces raisons,
Fit enquête nouvelle, et, pour plus de lumière,
      Entendit une fourmilière.
      Le point n'en put être éclairci.
      De grâce, à quoi bon tout ceci ?
      Dit une abeille fort prudente.
Depuis tantôt six mois que la cause est pendante,
      Nous voici comme aux premiers jours.

FABLES.

Pendant cela le miel se gâte.
Il est temps désormais que le juge se hâte :
    N'a-t-il point assez léché l'ours ? [1]
Sans tant de contredits, et d'interlocutoires,
    Et de fatras, et de grimoires,
    Travaillons, les frelons et nous :
On verra qui sait faire, avec un suc si doux,
    Des cellules si bien bâties.
    Le refus des frelons fit voir
    Que cet art passoit leur savoir ;
Et la guêpe adjugea le miel à leurs parties.

Plût à Dieu qu'on réglât ainsi tous les procès !
Que des Turcs en cela l'on suivît la méthode !
Le simple sens commun nous tiendroit lieu de code :
    Il ne faudroit point tant de frais.
    Au lieu qu'on nous mange, on nous gruge ;
    On nous mine par des longueurs :
On fait tant, à la fin, que l'huître est pour le juge,
    Les écailles pour les plaideurs.

---

[1] Expression proverbiale qui veut dire ici : N'a-t-il pas assez sucé les parties en prolongeant le procès ?

FABLE XXII.

Le Chêne et le Roseau.

Le chêne un jour dit au roseau :
Vous avez bien sujet d'accuser la nature :
Un roitelet pour vous est un pesant fardeau ;
    Le moindre vent qui d'aventure
    Fait rider la face de l'eau
    Vous oblige à baisser la tête ;
Cependant que mon front, au Caucase pareil,
Non content d'arrêter les rayons du soleil,
    Brave l'effort de la tempête.
Tout vous est aquilon, tout me semble zéphyr.
Encor si vous naissiez à l'abri du feuillage
    Dont je couvre le voisinage,
    Vous n'auriez pas tant à souffrir ;
    Je vous défendrois de l'orage :
    Mais vous naissez le plus souvent
Sur les humides bords des royaumes du vent.
La nature envers vous me semble bien injuste.
Votre compassion, lui répondit l'arbuste,
Part d'un bon naturel ; mais quittez ce souci :
    Les vents me sont moins qu'à vous redoutables ;

Je plie, et ne romps pas. Vous avez jusqu'ici
    Contre leurs coups épouvantables
    Résisté sans courber le dos;
Mais attendons la fin. Comme il disoit ces mots,
Du bout de l'horizon accourt avec furie
    Le plus terrible des enfants
Que le nord eût portés jusque-là dans ses flancs.
    L'arbre tient bon; le roseau plie.
    Le vent redouble ses efforts,
    Et fait si bien qu'il déracine
Celui de qui la tête au ciel étoit voisine,
Et dont les pieds touchoient à l'empire des morts.

FIN DU PREMIER LIVRE.

LIVRE SECOND.

FABLE PREMIÈRE.

Contre ceux qui ont le goût difficile.

Quand j'aurois en naissant reçu de Calliope
Les dons qu'à ses amants cette muse a promis,
Je les consacrerois aux mensonges d'Ésope :
Le mensonge et les vers de tout temps sont amis.
Mais je ne me crois pas si chéri du Parnasse
Que de savoir orner toutes ces fictions.
On peut donner du lustre à leurs inventions :
On le peut ; je l'essaie ; un plus savant le fasse.
Cependant jusqu'ici d'un langage nouveau
J'ai fait parler le loup et répondre l'agneau :
J'ai passé plus avant ; les arbres et les plantes
Sont devenus chez moi créatures parlantes.
Qui ne prendroit ceci pour un enchantement ?
    Vraiment, me diront nos critiques,
    Vous parlez magnifiquement
    De cinq ou six contes d'enfant.
Censeurs, en voulez-vous qui soient plus authentiques

Et d'un style plus haut? En voici. Les Troyens,
Après dix ans de guerre autour de leurs murailles,
Avoient lassé les Grecs, qui, par mille moyens,
    Par mille assauts, par cent batailles,
N'avoient pu mettre à bout cette fière cité;
Quand un cheval de bois, par Minerve inventé,
    D'un rare et nouvel artifice,
Dans ses énormes flancs reçut le sage Ulysse,
Le vaillant Diomède, Ajax l'impétueux.
    Que ce colosse monstrueux
Avec leurs escadrons devoit porter dans Troie,
Livrant à leur fureur ses dieux mêmes en proie :
Stratagème inouï, qui des fabricateurs
    Paya la constance et la peine...
C'est assez, me dira quelqu'un de nos auteurs :
La période est longue, il faut reprendre haleine ;
    Et puis, votre cheval de bois,
    Vos héros avec leurs phalanges,
    Ce sont des contes plus étranges
Qu'un renard qui cajole un corbeau sur sa voix :
De plus, il vous sied mal d'écrire en si haut style.
Eh bien ! baissons d'un ton. La jalouse Amarylle
Songeoit à son Alcippe, et croyoit de ses soins
N'avoir que ses moutons et son chien pour témoins.
Tircis, qui l'aperçut, se glisse entre des saules ;
Il entend la bergère adressant ces paroles

Au doux zéphyr, et le priant
De les porter à son amant...
Je vous arrête à cette rime,
Dira mon censeur à l'instant;
Je ne la tiens pas légitime,
Ni d'une assez grande vertu :
Remettez, pour le mieux, ces deux vers à la fonte.
Maudit censeur! te tairas-tu?
Ne saurois-je achever mon conte?
C'est un dessein très-dangereux
Que d'entreprendre de te plaire.

Les délicats sont malheureux :
Rien ne sauroit les satisfaire.

FABLE II.

Conseil tenu par les Rats.

Un chat, nommé Rodilardus,
Faisoit de rats telle déconfiture,
Que l'on n'en voyoit presque plus;
Tant il en avoit mis dedans la sépulture.
Le peu qu'il en restoit, n'osant quitter son trou,
Ne trouvoit à manger que le quart de son soûl;
Et Rodilard passoit, chez la gent misérable,
Non pour un chat, mais pour un diable.
Or, un jour qu'au haut et au loin
Le galant alla chercher femme,
Pendant tout le sabbat qu'il fit avec sa dame
Le demeurant des rats tint chapitre en un coin
Sur la nécessité présente.
Dès l'abord, leur doyen, personne fort prudente,
Opina qu'il falloit, et plus tôt que plus tard,
Attacher un grelot au cou de Rodilard;
Qu'ainsi, quand il iroit en guerre,
De sa marche avertis, ils s'enfuiroient sous terre;
Qu'il n'y savoit que ce moyen.
Chacun fut de l'avis de monsieur le doyen:

Chose ne leur parut à tous plus salutaire.
La difficulté fut d'attacher le grelot.
L'un dit : Je n'y vas point, je ne suis pas si sot;
L'autre : Je ne saurois. Si bien que sans rien faire
   On se quitta. J'ai maints chapitres vus,
   Qui pour néant se sont ainsi tenus;
Chapitres, non de rats, mais chapitres de moines,
    Voire[1] chapitres de chanoines.

    Ne faut-il que délibérer ?
    La cour en conseillers foisonne :
    Est-il besoin d'exécuter ?
    L'on ne rencontre plus personne.

[1] Même.

FABLE III.

Le Loup plaidant contre le Renard par-devant le Singe.

Un loup disoit que l'on l'avoit volé :
Un renard, son voisin, d'assez mauvaise vie,
Pour ce prétendu vol par lui fut appelé.
    Devant le singe il fut plaidé,
Non point par avocats, mais par chaque partie.
    Thémis n'avoit point travaillé,
De mémoire de singe, à fait plus embrouillé.
Le magistrat suoit en son lit de justice.
    Après qu'on eut bien contesté,
    Répliqué, crié, tempêté,
    Le juge, instruit de leur malice,
Leur dit : Je vous connois de long-temps mes amis ;
    Et tous deux vous paîrez l'amende :
Car toi, loup, tu te plains, quoiqu'on ne t'ait rien pris ;
Et toi, renard, as pris ce que l'on te demande.

Le juge prétendoit qu'à tort et à travers
On ne sauroit manquer, condamnant un pervers.

_{Quelques personnes de bon sens ont cru que l'impossibilité et la contradiction qui est dans le jugement de ce singe étoit une chose à censurer : mais je ne m'en suis servi qu'après Phèdre ; et c'est en cela que consiste le bon mot, selon mon avis.}

FABLE IV.

Les deux Taureaux et la Grenouille.

Deux taureaux combattoient à qui possèderoit
    Une génisse avec l'empire.
    Une grenouille en soupiroit.
    Qu'avez-vous? se mit à lui dire
    Quelqu'un du peuple coassant.
    Eh! ne voyez-vous pas, dit-elle,
    Que la fin de cette querelle
Sera l'exil de l'un; que l'autre, le chassant,
Le fera renoncer aux campagnes fleuries?
Il ne règnera plus sur l'herbe des prairies,
Viendra dans nos marais régner sur les roseaux;
Et, nous foulant aux pieds jusques au fond des eaux,
Tantôt l'une, et puis l'autre, il faudra qu'on pâtisse
Du combat qu'a causé madame la génisse.
    Cette crainte étoit de bon sens.
    L'un des taureaux en leur demeure
    S'alla cacher à leurs dépens:
    Il en écrasoit vingt par heure.

    Hélas! on voit que de tout temps
Les petits ont pâti des sottises des grands.

FABLE V.

La Chauve-Souris et les deux Belettes.

Une chauve-souris donna tête baissée
Dans un nid de belette ; et, sitôt qu'elle y fut,
L'autre, envers les souris de long-temps courroucée,
    Pour la dévorer accourut.
Quoi ! vous osez, dit-elle, à mes yeux vous produire,
Après que votre race a tâché de me nuire !
N'êtes-vous pas souris ? Parlez sans fiction.
Oui, vous l'êtes, ou bien je ne suis pas belette.
    Pardonnez-moi, dit la pauvrette,
    Ce n'est pas ma profession.
Moi, souris ! des méchants vous ont dit ces nouvelles.
    Grâce à l'auteur de l'univers,
    Je suis oiseau, voyez mes ailes ;
    Vive la gent qui fend les airs !
    Sa raison plut, et sembla bonne.
    Elle fait si bien, qu'on lui donne
    Liberté de se retirer.
    Deux jours après, notre étourdie
    Aveuglément se va fourrer
Chez une autre belette aux oiseaux ennemie.

La voilà derechef en danger de sa vie.
La dame du logis avec son long museau
S'en alloit la croquer en qualité d'oiseau,
Quand elle protesta qu'on lui faisoit outrage :
Moi, pour telle passer ! Vous n'y regardez pas.
  Qui fait l'oiseau ? c'est le plumage.
  Je suis souris ; vivent les rats !
  Jupiter confonde les chats !
  Par cette adroite repartie
  Elle sauva deux fois sa vie.

Plusieurs se sont trouvés qui, d'écharpe changeants,
Aux dangers, ainsi qu'elle, ont souvent fait la figue[1].
  Le sage dit, selon les gens :
  Vive le roi ! vive la ligue !

[1] S'en sont moqués.

FABLE VI.

L'Oiseau blessé d'une flèche.

Mortellement atteint d'une flèche empennée,
Un oiseau déploroit sa triste destinée,
Et disoit, en souffrant un surcroît de douleur :
Faut-il contribuer à son propre malheur !
   Cruels humains ! vous tirez de nos ailes
De quoi faire voler ces machines mortelles !
Mais ne vous moquez point, engeance sans pitié :
Souvent il vous arrive un sort comme le nôtre.
Des enfants de Japet toujours une moitié
     Fournira des armes à l'autre.

FABLE VII.

La Lice et sa Compagne.

Une lice étant sur son terme,
Et ne sachant où mettre un fardeau si pressant,
Fait si bien, qu'à la fin sa compagne consent
De lui prêter sa hutte, où la lice s'enferme.
Au bout de quelque temps sa compagne revient.
La lice lui demande encore une quinzaine ;
Ses petits ne marchoient, disoit-elle, qu'à peine.
  Pour faire court, elle l'obtient.
Ce second terme échu, l'autre lui redemande
  Sa maison, sa chambre, son lit.
La lice cette fois montre les dents, et dit :
Je suis prête à sortir avec toute ma bande,
  Si vous pouvez nous mettre hors.
  Ses enfants étoient déjà forts.

Ce qu'on donne aux méchants, toujours on le regrette :
  Pour tirer d'eux ce qu'on leur prête,
  Il faut que l'on en vienne aux coups ;
  Il faut plaider ; il faut combattre.
  Laissez-leur prendre un pied chez vous,
  Ils en auront bientôt pris quatre.

FABLE VIII.

L'Aigle et l'Escarbot.

L'aigle donnoit la chasse à maître Jean lapin,
Qui droit à son terrier s'enfuyoit au plus vite.
Le trou de l'escarbot se rencontre en chemin.
    Je laisse à penser si ce gîte
Étoit sûr : mais où mieux? Jean lapin s'y blottit.
L'aigle fondant sur lui nonobstant cet asile,
    L'escarbot intercède et dit :
Princesse des oiseaux, il vous est fort facile
D'enlever malgré moi ce pauvre malheureux :
Mais ne me faites pas cet affront, je vous prie;
Et puisque Jean lapin vous demande la vie,
Donnez-la-lui, de grâce, ou l'ôtez à tous deux :
    C'est mon voisin, c'est mon compère.
L'oiseau de Jupiter, sans répondre un seul mot,
    Choque de l'aile l'escarbot,
    L'étourdit, l'oblige à se taire,
Enlève Jean lapin. L'escarbot indigné
Vole au nid de l'oiseau, fracasse en son absence
Ses œufs, ses tendres œufs, sa plus douce espérance :
    Pas un seul ne fut épargné.

LIVRE II.   53

L'aigle, étant de retour, et voyant ce ménage,
Remplit le ciel de cris; et, pour comble de rage,
Ne sait sur qui venger le tort qu'elle a souffert.
Elle gémit en vain; sa plainte au vent se perd.
Il fallut pour cet an vivre en mère affligée.
L'an suivant, elle mit son nid en lieu plus haut.
L'escarbot prend son temps, fait faire aux œufs le saut :
La mort de Jean lapin derechef est vengée.
Ce second deuil fut tel, que l'écho de ces bois
    N'en dormit de plus de six mois.
    L'oiseau qui porte Ganymède
Du monarque des dieux enfin implore l'aide,
Dépose en son giron ses œufs, et croit qu'en paix
Ils seront dans ce lieu; que, pour ses intérêts,
Jupiter se verra contraint de les défendre :
    Hardi qui les iroit là prendre.
    Aussi ne les y prit-on pas.
    Leur ennemi changea de note,
Sur la robe du dieu fit tomber une crotte :
Le dieu la secouant jeta les œufs à bas.
    Quand l'aigle sut l'inadvertance,
    Elle menaça Jupiter
D'abandonner sa cour, d'aller vivre au désert,
    De quitter toute dépendance,
    Avec mainte autre extravagance.
    Le pauvre Jupiter se tut :

Devant son tribunal l'escarbot comparut,
  Fit sa plainte, et conta l'affaire.
On fit entendre à l'aigle, enfin, qu'elle avoit tort.
Mais, les deux ennemis ne voulant point d'accord,
Le monarque des dieux s'avisa, pour bien faire,
De transporter le temps où l'aigle fait l'amour
En une autre saison, quand la race escarbote
Est en quartier d'hiver, et, comme la marmotte,
  Se cache et ne voit point le jour.

FABLE IX.

Le Lion et le Moucheron.

Va-t'en, chétif insecte, excrément de la terre !
    C'est en ces mots que le lion
    Parloit un jour au moucheron.
    L'autre lui déclara la guerre :
Penses-tu, lui dit-il, que ton titre de roi
    Me fasse peur ni me soucie ?
    Un bœuf est plus puissant que toi ;
    Je le mène à ma fantaisie.
    A peine il achevoit ces mots,
    Que lui-même il sonna la charge,
    Fut le trompette et le héros.
    Dans l'abord il se met au large ;
    Puis prend son temps, fond sur le cou
    Du lion, qu'il rend presque fou.
Le quadrupède écume, et son œil étincelle ;
Il rugit. On se cache, on tremble à l'environ ;
    Et cette alarme universelle
    Est l'ouvrage d'un moucheron.
Un avorton de mouche en cent lieux le harcelle ;
Tantôt pique l'échine, et tantôt le museau,

Tantôt entre au fond du naseau.
La rage alors se trouve à son faîte montée.
L'invisible ennemi triomphe, et rit de voir
Qu'il n'est griffe ni dent en la bête irritée
Qui de la mettre en sang ne fasse son devoir.
Le malheureux lion se déchire lui-même,
Fait résonner sa queue à l'entour de ses flancs,
Bat l'air, qui n'en peut mais [1]; et sa fureur extrême
Le fatigue, l'abat : le voilà sur les dents.
L'insecte du combat se retire avec gloire :
Comme il sonna la charge, il sonne la victoire,
Va partout l'annoncer, et rencontre en chemin
    L'embuscade d'une araignée ;
    Il y rencontre aussi sa fin.
Quelle chose par-là nous peut être enseignée?
J'en vois deux, dont l'une est qu'entre nos ennemis
Les plus à craindre sont souvent les plus petits ;
L'autre qu'aux grands périls tel a pu se soustraire,
    Qui périt pour la moindre affaire.

[1] *Mais*, du mot latin *magis*, signifie ici *davantage*.

FABLE X.

L'Ane chargé d'éponges, et l'Ane chargé de sel.

Un ânier, son sceptre à la main,
Menoit, en empereur romain,
Deux coursiers à longues oreilles.
L'un, d'éponges chargé, marchoit comme un courrier;
Et l'autre, se faisant prier,
Portoit, comme on dit, les bouteilles [1].
Sa charge étoit de sel. Nos gaillards pèlerins,
Par monts, par vaux et par chemins,
Au gué d'une rivière à la fin arrivèrent,
Et fort empêchés se trouvèrent.
L'ânier, qui tous les jours traversoit ce gué-là,
Sur l'âne à l'éponge monta,
Chassant devant lui l'autre bête,
Qui, voulant en faire à sa tête,
Dans un trou se précipita,
Revint sur l'eau, puis échappa :
Car, au bout de quelques nagées,
Tout son sel se fondit si bien,
Que le baudet ne sentit rien

[1] Marchoit lentement. Expression proverbiale.

        Sur ses épaules soulagées.
Camarade épongier prit exemple sur lui,
Comme un mouton qui va dessus la foi d'autrui.
Voilà mon âne à l'eau; jusqu'au col il se plonge,
        Lui, le conducteur et l'éponge.
Tous trois burent d'autant : l'ânier et le grison
        Firent à l'éponge raison.
        Celle-ci devint si pesante,
        Et de tant d'eau s'emplit d'abord,
Que l'âne succombant ne put gagner le bord.
        L'ânier l'embrassoit, dans l'attente
        D'une prompte et certaine mort.
Quelqu'un vint au secours : qui ce fut, il n'importe;
C'est assez qu'on ait vu par-là qu'il ne faut point
        Agir chacun de même sorte.
        J'en voulois venir à ce point.

FABLE XI.

Le Lion et le Rat.

Il faut, autant qu'on peut, obliger tout le monde :
On a souvent besoin d'un plus petit que soi.
De cette vérité deux fables feront foi ;
 Tant la chose en preuves abonde.

 Entre les pates d'un lion
Un rat sortit de terre assez à l'étourdie.
Le roi des animaux, en cette occasion,
Montra ce qu'il étoit, et lui donna la vie.
 Ce bienfait ne fut pas perdu.
 Quelqu'un auroit-il jamais cru
 Qu'un lion d'un rat eût affaire?
Cependant il avint qu'au sortir des forêts
 Ce lion fut pris dans des rets,
Dont ses rugissements ne le purent défaire.
Sire rat accourut, et fit tant par ses dents,
Qu'une maille rongée emporta tout l'ouvrage.

 Patience et longueur de temps
 Font plus que force ni que rage.

FABLE XII.

La Colombe et la Fourmi.

L'autre exemple est tiré d'animaux plus petits.

Le long d'un clair ruisseau buvoit une colombe,
Quand sur l'eau se penchant une fourmis y tombe;
Et dans cet océan l'on eût vu la fourmis
S'efforcer, mais en vain, de regagner la rive.
La colombe aussitôt usa de charité :
Un brin d'herbe dans l'eau par elle étant jeté,
Ce fut un promontoire où la fourmis arrive.
 Elle se sauve. Et là-dessus
Passe un certain croquant qui marchoit les pieds nus :
Ce croquant, par hasard, avoit une arbalète.
 Dès qu'il voit l'oiseau de Vénus,
Il le croit en son pot, et déjà lui fait fête.
Tandis qu'à le tuer mon villageois s'apprête,
 La fourmi le pique au talon.
 Le vilain retourne la tête :
La colombe l'entend, part, et tire de long.
Le soupé du croquant avec elle s'envole :
 Point de pigeon pour une obole.

FABLE XIII.

L'Astrologue qui se laisse tomber dans un puits.

Un astrologue un jour se laissa choir
Au fond d'un puits. On lui dit : Pauvre bête,
Tandis qu'à peine à tes pieds tu peux voir,
Penses-tu lire au-dessus de ta tête ?

Cette aventure en soi, sans aller plus avant,
Peut servir de leçon à la plupart des hommes.
Parmi ce que de gens sur la terre nous sommes,
    Il en est peu qui fort souvent
    Ne se plaisent d'entendre dire
Qu'au livre du Destin les mortels peuvent lire.
Mais ce livre, qu'Homère et les siens[1] ont chanté,
Qu'est-ce ? que le hasard, parmi l'antiquité,
    Et parmi nous, la Providence.
  Or, du hasard il n'est point de science :
    S'il en étoit, on auroit tort
De l'appeler hasard, ni fortune, ni sort ;

---

[1] C'est-à-dire Euripide et Platon (Prométhée, v, 513, Républ., liv. X), auteurs que La Fontaine considère comme appartenant à Homère, parce qu'ils ont écrit sous l'inspiration de ce grand poëte.

FABLES.

    Toutes choses très-incertaines.
    Quant aux volontés souveraines
De celui qui fait tout, et rien qu'avec dessein,
Qui les sait, que lui seul? Comment lire en son sein?
Auroit-il imprimé sur le front des étoiles
Ce que la nuit des temps enferme dans ses voiles?
A quelle utilité? Pour exercer l'esprit
De ceux qui de la sphère et du globe ont écrit?
Pour nous faire éviter des maux inévitables?
Nous rendre, dans les biens, de plaisirs incapables?
Et, causant du dégoût pour ces biens prévenus,
Les convertir en maux devant qu'ils soient venus?
C'est erreur, ou plutôt c'est crime de le croire.
Le firmament se meut, les astres font leur cours,
    Le soleil nous luit tous les jours,
Tous les jours sa clarté succède à l'ombre noire,
Sans que nous en puissions autre chose inférer
Que la nécessité de luire et d'éclairer,
D'amener les saisons, de mûrir les semences,
De verser sur les corps certaines influences.
Du reste, en quoi répond au sort toujours divers
Ce train toujours égal dont marche l'univers?
    Charlatans, faiseurs d'horoscope,
   Quittez les cours des princes de l'Europe :
Emmenez avec vous les souffleurs[1] tout d'un temps;

---

[1] C'est-à-dire les alchimistes, ceux qui cherchent la pierre philosophale.

Vous ne méritez pas plus de foi que ces gens.
Je m'emporte un peu trop : revenons à l'histoire
De ce spéculateur qui fut contraint de boire.
Outre la vanité de son art mensonger,
C'est l'image de ceux qui baylent aux chimères,
  Cependant qu'ils sont en danger
  Soit pour eux, soit pour leurs affaires

FABLE XIV.

Le Lièvre et les Grenouilles.

Un lièvre en son gîte songeoit,
(Car que faire en un gîte, à moins que l'on ne songe?)
Dans un profond ennui ce lièvre se plongeoit :
Cet animal est triste, et la crainte le ronge.
    Les gens de naturel peureux
    Sont, disoit-il, bien malheureux !
Ils ne sauroient manger morceau qui leur profite :
Jamais un plaisir pur; toujours assauts divers.
Voilà comme je vis : cette crainte maudite
M'empêche de dormir sinon les yeux ouverts.
Corrigez-vous, dira quelque sage cervelle.
    Eh! la peur se corrige-t-elle?
    Je crois même qu'en bonne foi
    Les hommes ont peur comme moi.
    Ainsi raisonnoit notre lièvre,
    Et cependant faisoit le guet.
    Il étoit douteux, inquiet :
Un souffle, une ombre, un rien, tout lui donnoit la fièvre.
    Le mélancolique animal,
    En rêvant à cette matière,

Entend un léger bruit : ce lui fut un signal
  Pour s'enfuir devers sa tanière.
Il s'en alla passer sur le bord d'un étang.
Grenouilles aussitôt de sauter dans les ondes;
Grenouilles de rentrer en leurs grottes profondes.
  Oh! dit-il, j'en fais faire autant
  Qu'on m'en fait faire! Ma présence
Effraie aussi les gens! je mets l'alarme au camp!
  Et d'où me vient cette vaillance?
Comment! des animaux qui tremblent devant moi!
  Je suis donc un foudre de guerre!
Il n'est, je le vois bien, si poltron sur la terre
Qui ne puisse trouver un plus poltron que soi.

FABLE XV.

Le Coq et le Renard.

Sur la branche d'un arbre étoit en sentinelle
    Un vieux coq adroit et matois.
Frère, dit un renard, adoucissant sa voix,
    Nous ne sommes plus en querelle :
    Paix générale cette fois.
Je viens te l'annoncer ; descends, que je t'embrasse :
    Ne me retarde point, de grâce ;
Je dois faire aujourd'hui vingt postes sans manquer,
    Les tiens et toi pouvez vaquer,
    Sans nulle crainte, à vos affaires ;
    Nous vous y servirons en frères.
    Faites-en les feux[1] dès ce soir :
    Et cependant viens recevoir
    Le baiser d'amour fraternelle.
Ami, reprit le coq, je ne pouvois jamais
Apprendre une plus douce et meilleure nouvelle
      Que celle
    De cette paix ;
   Et ce m'est une double joie

---

[1] Faites des feux de joie : réjouissez-vous.

De la tenir de toi. Je vois deux lévriers,
     Qui, je m'assure, sont courriers
     Que pour ce sujet on envoie :
Ils vont vite, et seront dans un moment à nous.
Je descends : nous pourrons nous entre-baiser tous.
Adieu, dit le renard, ma traite est longue à faire :
Nous nous réjouirons du succès de l'affaire
     Une autre fois. Le galant aussitôt
       Tire ses grègues ¹, gagne au haut,
       Mal content de son stratagème.
       Et notre vieux coq en soi-même
       Se mit à rire de sa peur ;
Car c'est double plaisir de tromper le trompeur.

¹ Ses chaussés.

FABLE XVI.

Le Corbeau voulant imiter l'Aigle.

L'oiseau de Jupiter enlevant un mouton,
    Un corbeau, témoin de l'affaire,
Et plus foible de reins, mais non pas moins glouton,
    En voulut sur l'heure autant faire.
    Il tourne à l'entour du troupeau,
Marque entre cent moutons le plus gras, le plus beau,
    Un vrai mouton de sacrifice :
On l'avoit réservé pour la bouche des dieux.
Gaillard corbeau disoit, en le couvant des yeux :
    Je ne sais qui fut ta nourrice ;
Mais ton corps me paroît en merveilleux état :
    Tu me serviras de pâture.
Sur l'animal bêlant, à ces mots il s'abat.
    La moutonnière créature
Pesoit plus qu'un fromage ; outre que sa toison
    Étoit d'une épaisseur extrême,
Et mêlée à peu près de la même façon
    Que la barbe de Polyphême.
Elle empêtra si bien les serres du corbeau,
Que le pauvre animal ne put faire retraite :

Le berger vient, le prend, l'encage bien et beau,
Le donne à ses enfants pour servir d'amusette.

Il faut se mesurer; la conséquence est nette :
Mal prend aux volereaux de faire les voleurs.
    L'exemple est un dangereux leurre :
Tous les mangeurs de gens ne sont pas grands seigneurs;
Où la guêpe a passé, le moucheron demeure.

FABLE XVII.

Le Paon se plaignant à Junon.

Le paon se plaignoit à Junon.
Déesse, disoit-il, ce n'est pas sans raison
    Que je me plains, que je murmure :
    Le chant dont vous m'avez fait don
    Déplaît à toute la nature ;
Au lieu qu'un rossignol, chétive créature,
    Forme des sons aussi doux qu'éclatants,
    Est lui seul l'honneur du printemps.
    Junon répondit en colère :
    Oiseau jaloux, et qui devrois te taire,
Est-ce à toi d'envier la voix du rossignol,
Toi que l'on voit porter à l'entour de ton col
Un arc-en-ciel nué de cent sortes de soies ;
    Qui te panades, qui déploies
Une si riche queue, et qui semble à nos yeux
    La boutique d'un lapidaire ?
    Est-il quelque oiseau sous les cieux
    Plus que toi capable de plaire ?
Tout animal n'a pas toutes propriétés.
Nous vous avons donné diverses qualités :

Les uns ont la grandeur et la force en partage ;
Le faucon est léger, l'aigle plein de courage ;
  Le corbeau sert pour le présage :
La corneille avertit des malheurs à venir ;
  Tous sont contents de leur ramage.
Cesse donc de te plaindre ; ou bien, pour te punir,
  Je t'ôterai ton plumage.

FABLE XVIII.

La Chatte métamorphosée en femme.

Un homme chérissoit éperdument sa chatte ;
Il la trouvoit mignonne, et belle, et délicate,
    Qui miauloit d'un ton fort doux :
    Il étoit plus fou que les fous.
  Cet homme donc, par prières, par larmes,
    Par sortiléges et par charmes,
    Fait tant qu'il obtient du destin
    Que sa chatte, en un beau matin,
    Devient femme ; et, le matin même,
    Maître sot en fait sa moitié.
    Le voilà fou d'amour extrême,
    De fou qu'il étoit d'amitié.
    Jamais la dame la plus belle
    Ne charma tant son favori
    Que fait cette épouse nouvelle
    Son hypocondre de mari.
    Il l'amadoue ; elle le flatte :
    Il n'y trouve plus rien de chatte ;
    Et, poussant l'erreur jusqu'au bout,
    La croit femme en tout et partout,

Lorsque quelques souris qui rongeoient de la natte
Troublèrent le plaisir des nouveaux mariés.
 Aussitôt la femme est sur pieds.
 Elle manqua son aventure.
Souris de revenir, femme d'être en posture :
 Pour cette fois elle accourut à point ;
 Car, ayant changé de figure,
 Les souris ne la craignoient point.
 Ce lui fut toujours une amorce :
 Tant le naturel a de force !
Il se moque de tout : certain âge accompli,
Le vase est imbibé, l'étoffe a pris son pli.
 En vain de son train ordinaire
 On le veut désaccoutumer :
 Quelque chose qu'on puisse faire,
 On ne sauroit le réformer.
 Coups de fourches ni d'étrivières
 Ne lui font changer de manières ;
 Et fussiez-vous embâtonnés [1],
 Jamais vous n'en serez les maîtres.
 Qu'on lui ferme la porte au nez,
 Il reviendra par les fenêtres.

[1] Armé de bâtons.

FABLE XIX.

Le Lion et l'Ane chassant.

Le roi des animaux se mit un jour en tête
    De giboyer : il célébroit sa fête.
Le gibier du lion, ce ne sont pas moineaux,
Mais beaux et bons sangliers, daims et cerfs bons et beaux.
      Pour réussir dans cette affaire,
      Il se servit du ministère
      De l'âne à la voix de Stentor.
L'âne à messer lion fit office de cor.
Le lion le posta, le couvrit de ramée,
Lui commanda de braire, assuré qu'à ce son
Les moins intimidés fuiroient de leur maison.
Leur troupe n'étoit pas encore accoutumée
      A la tempête de sa voix ;
L'air en retentissoit d'un bruit épouvantable :
La frayeur saisissoit les hôtes de ces bois ;
Tous fuyoient, tous tomboient au piége inévitable
      Où les attendoit le lion.
N'ai-je pas bien servi dans cette occasion ?
Dit l'âne en se donnant tout l'honneur de la chasse.
Oui, reprit le lion, c'est bravement crié :

Si je ne connoissois ta personne et ta race,
J'en serois moi-même effrayé.
L'âne, s'il eût osé, se fût mis en colère,
Encor qu'on le raillât avec juste raison ;
Car qui pourroit souffrir un âne fanfaron ?
Ce n'est pas là leur caractère.

FABLE XX.

Testament expliqué par Ésope.

Si ce qu'on dit d'Ésope est vrai,
C'étoit l'oracle de la Grèce :
Lui seul avoit plus de sagesse
Que tout l'aréopage. En voici pour essai
    Une histoire des plus gentilles,
    Et qui pourra plaire au lecteur.

    Un certain homme avoit trois filles,
    Toutes trois de contraire humeur :
    Une buveuse, une coquette ;
    La troisième, avare parfaite.
    Cet homme, par son testament,
    Selon les lois municipales,
Leur laissa tout son bien par portions égales,
    En donnant à leur mère tant,
    Payable quand chacune d'elles
Ne posséderoit plus sa contingente part.
    Le père mort, les trois femelles
Courent au testament, sans attendre plus tard.
    On le lit, on tâche d'entendre

La volonté du testateur ;
Mais en vain : car comment comprendre
Qu'aussitôt que chacune sœur
Ne possédera plus sa part héréditaire
Il lui faudra payer sa mère ?
Ce n'est pas un fort bon moyen,
Pour payer, que d'être sans bien.
Que vouloit donc dire le père ?
L'affaire est consultée : et tous les avocats,
Après avoir tourné le cas
En cent et cent mille manières,
Y jettent leur bonnet, se confessent vaincus,
Et conseillent aux héritières
De partager le bien sans songer au surplus.
Quant à la somme de la veuve,
Voici, leur dirent-ils, ce que le conseil treuve :
Il faut que chaque sœur se charge par traité
Du tiers, payable à volonté ;
Si mieux n'aime la mère en créer une rente,
Dès le décès du mort courante.
La chose ainsi réglée, on composa trois lots
En l'un les maisons de bouteille,
Les buffets dressés sous la treille,
La vaisselle d'argent, les cuvettes, les brocs,
Les magasins de malvoisie,
Les esclaves de bouche, et, pour dire en deux mots,

78   FABLES.
L'attirail de la goinfrerie ;
Dans un autre, celui de la coquetterie ;
La maison de la ville, et les meubles exquis,
　　Les eunuques et les coiffeuses,
　　　　Et les brodeuses,
　　Les joyaux, les robes de prix ;
Dans le troisième lot, les fermes, le ménage,
　　Les troupeaux et le pâturage,
　　Valets et bêtes de labeur.
Ces lots faits, on jugea que le sort pourroit faire
　　Que peut-être pas une sœur
　　N'auroit ce qui lui pourroit plaire.
Ainsi chacune prit son inclination,
　　Le tout à l'estimation.
　　Ce fut dans la ville d'Athènes
　　Que cette rencontre arriva.
　　Petits et grands, tout approuva
Le partage et le choix : Ésope seul trouva
　　Qu'après bien du temps et des peines
　　Les gens avoient pris justement
　　Le contre-pied du testament.
Si le défunt vivoit, disoit-il, que l'Attique
　　Auroit de reproches de lui !
　　Comment ! ce peuple, qui se pique
D'être le plus subtil des peuples d'aujourd'hui,
A si mal entendu la volonté suprême

D'un testateur? Ayant ainsi parlé,
Il fait le partage lui-même,
Et donne à chaque sœur un lot contre son gré ;
Rien qui pût être convenable,
Partant rien aux sœurs d'agréable :
A la coquette, l'attirail
Qui suit les personnes buveuses ;
La biberonne eut le bétail ;
La ménagère eut les coiffeuses.
Tel fut l'avis du Phrygien,
Alléguant qu'il n'étoit moyen
Plus sûr pour obliger ces filles
A se défaire de leur bien ;
Qu'elles se marieroient dans les bonnes familles
Quand on leur verroit de l'argent ;
Paieroient leur mère tout-comptant ;
Ne possèderoient plus les effets de leur père :
Ce que disoit le testament.
Le peuple s'étonna comme il se pouvoit faire
Qu'un homme seul eût plus de sens
Qu'une multitude de gens.

FIN DU SECOND LIVRE.

LIVRE TROISIÈME.

FABLE PREMIÈRE.

Le Meunier, son Fils, et l'Ane.

A M. D. M.[1]

L'INVENTION des arts étant un droit d'aînesse,
Nous devons l'apologue à l'ancienne Grèce :
Mais ce champ ne se peut tellement moissonner,
Que les derniers venus n'y trouvent à glaner.
La feinte est un pays plein de terres désertes;
Tous les jours nos auteurs y font des découvertes.
Je t'en veux dire un trait assez bien inventé :
Autrefois à Racan Malherbe l'a conté.
Ces deux rivaux d'Horace, héritiers de sa lyre,
Disciples d'Apollon, nos maîtres, pour mieux dire,
Se rencontrant un jour tout seuls et sans témoins
(Comme ils se confioient leurs pensers et leurs soins),
Racan commence ainsi : Dites-moi, je vous prie,
Vous qui devez savoir les choses de la vie,

[1] Ces initiales signifient A MONSIEUR DE MAUCROIX

Qui par tous ses degrés avez déjà passé,
Et que rien ne doit fuir en cet âge avancé,
A quoi me résoudrai-je? Il est temps que j'y pense.
Vous connoissez mon bien, mon talent, ma naissance :
Dois-je dans la province établir mon séjour?
Prendre emploi dans l'armée, ou bien charge à la cour?
Tout au monde est mêlé d'amertume et de charmes :
La guerre a ses douceurs, l'hymen a ses alarmes.
Si je suivois mon goût, je saurois où buter ;
Mais j'ai les miens, la cour, le peuple à contenter.
Malherbe là-dessus : Contenter tout le monde!
Écoutez ce récit avant que je réponde.

J'ai lu dans quelque endroit qu'un meunier et son fils,
L'un vieillard, l'autre enfant, non pas des plus petits,
Mais garçon de quinze ans, si j'ai bonne mémoire,
Alloient vendre leur âne, un certain jour de foire.
Afin qu'il fût plus frais et de meilleur débit,
On lui lia les pieds, on vous le suspendit;
Puis cet homme et son fils le portent comme un lustre.
Pauvres gens! idiots! couple ignorant et rustre!
Le premier qui les vit de rire s'éclata :
Quelle farce, dit-il, vont jouer ces gens-là?
Le plus âne des trois n'est pas celui qu'on pense.
Le meunier, à ces mots, connoît son ignorance;
Il met sur pieds sa bête, et la fait détaler.

L'âne, qui goûtoit fort l'autre façon d'aller,
Se plaint en son patois. Le meunier n'en a cure;
Il fait monter son fils, il suit; et, d'aventure,
Passent trois bons marchands. Cet objet leur déplut.
Le plus vieux au garçon s'écria tant qu'il put :
Oh là! oh! descendez, que l'on ne vous le dise,
Jeune homme, qui menez laquais à barbe grise!
C'étoit à vous de suivre, au vieillard de monter.
Messieurs, dit le meunier, il vous faut contenter.
L'enfant met pied à terre, et puis le vieillard monte;
Quand trois filles passant, l'une dit : C'est grand'honte
Qu'il faille voir ainsi clocher ce jeune fils,
Tandis que ce nigaud, comme un évêque assis,
Fait le veau sur son âne, et pense être bien sage.
Il n'est, dit le meunier, plus de veaux à mon âge :
Passez votre chemin, la fille, et m'en croyez.
Après maints quolibets coup sur coup renvoyés,
L'homme crut avoir tort, et mit son fils en croupe.
Au bout de trente pas, une troisième troupe
Trouve encore à gloser. L'un dit : Ces gens sont fous!
Le baudet n'en peut plus; il mourra sous leurs coups.
Eh quoi! charger ainsi cette pauvre bourrique!
N'ont-ils point de pitié de leur vieux domestique?
Sans doute qu'à la foire ils vont vendre sa peau.
Parbleu! dit le meunier, est bien fou du cerveau
Qui prétend contenter tout le monde et son père.

Essayons toutefois si par quelque manière
Nous en viendrons à bout. Ils descendent tous deux :
L'âne se prélassant marche seul devant eux.
Un quidam les rencontre et dit : Est-ce la mode
Que baudet aille à l'aise, et meunier s'incommode?
Qui de l'âne ou du maître est fait pour se lasser?
Je conseille à ces gens de le faire enchâsser.
Ils usent leurs souliers, et conservent leur âne!
Nicolas, au rebours : car, quand il va voir Jeanne,
Il monte sur sa bête; et la chanson le dit.
Beau trio de baudets! Le meunier repartit :
Je suis âne, il est vrai, j'en conviens, je l'avoue;
Mais que dorénavant on me blâme, on me loue,
Qu'on dise quelque chose ou qu'on ne dise rien,
J'en veux faire à ma tête. Il le fit, et fit bien.

Quant à vous[1], suivez Mars, ou l'Amour, ou le prince;
Allez, venez, courez; demeurez en province;
Prenez femme, abbaye, emploi, gouvernement :
Les gens en parleront, n'en doutez nullement.

[1] Vous, Racan; car ceci est la réponse que Malherbe fait à son ami après lui avoir conté l'apologue qui précède.

FABLE II.

Les Membres et l'Estomac.

Je devois par la royauté
Avoir commencé mon ouvrage :
A la voir d'un certain côté,
Messer Gaster [1] en est l'image ;
S'il a quelque besoin, tout le corps s'en ressent.

De travailler pour lui les membres se lassant,
Chacun d'eux résolut de vivre en gentilhomme,
Sans rien faire, alléguant l'exemple de Gaster.
Il faudroit, disoient-ils, sans nous, qu'il vécût d'air.
Nous suons, nous peinons comme bêtes de somme ;
Et pour qui ? pour lui seul : nous n'en profitons pas ;
Notre soin n'aboutit qu'à fournir ses repas.
Chômons ; c'est un métier qu'il veut nous faire apprendre.
Ainsi dit, ainsi fait. Les mains cessent de prendre,
Les bras d'agir, les jambes de marcher.
Tous dirent à Gaster qu'il en allât chercher.
Ce leur fut une erreur dont ils se repentirent :

[1] L'estomac.

Bientôt les pauvres gens tombèrent en langueur,
Il ne se forma plus de nouveau sang au cœur;
Chaque membre en souffrit; les forces se perdirent.
    Par ce moyen, les mutins virent
Que celui qu'ils croyoient oisif et paresseux
A l'intérêt commun contribuoit plus qu'eux.

Ceci peut s'appliquer à la grandeur royale.
Elle reçoit et donne, et la chose est égale.
Tout travaille pour elle, et réciproquement
    Tout tire d'elle l'aliment.
Elle fait subsister l'artisan de ses peines,
Enrichit le marchand, gage le magistrat,
Maintient le laboureur, donne paie au soldat,
Distribue en cent lieux ses grâces souveraines,
    Entretient seule tout l'état.

    Ménénius le sut bien dire.
La commune s'alloit séparer du sénat.
Les mécontents disoient qu'il avoit tout l'empire,
Le pouvoir, les trésors, l'honneur, la dignité;
Au lieu que tout le mal étoit de leur côté,
Les tributs, les impôts, les fatigues de guerre.
Le peuple hors des murs étoit déjà posté,
La plupart s'en alloient chercher une autre terre,

Quand Ménénius leur fit voir
Qu'ils étoient aux membres semblables,
Et par cet apologue, insigne entre les fables,
Les ramena dans leur devoir.

FABLE III.

Le Loup devenu berger.

Un loup qui commençoit d'avoir petite part
    Aux brebis de son voisinage,
Crut qu'il falloit s'aider de la peau du renard,
    Et faire un nouveau personnage.
Il s'habille en berger, endosse un hoqueton,
    Fait sa houlette d'un bâton,
    Sans oublier la cornemuse.
    Pour pousser jusqu'au bout la ruse,
Il auroit volontiers écrit sur son chapeau :
« C'est moi qui suis Guillot, berger de ce troupeau. »
    Sa personne étant ainsi faite,
Et ses pieds de devant posés sur sa houlette,
Guillot le sycophante [1] approche doucement.
Guillot, le vrai Guillot, étendu sur l'herbette,
    Dormoit alors profondément ;
Son chien dormoit aussi, comme aussi sa musette ;
La plupart des brebis dormoient pareillement.
    L'hypocrite les laissa faire ;
Et, pour pouvoir mener vers son fort les brebis,

[1] Trompeur.

Il voulut ajouter la parole aux habits,
  Chose qu'il croyoit nécessaire;
  Mais cela gâta son affaire:
Il ne put du pasteur contrefaire la voix.
Le ton dont il parla fit retentir les bois,
  Et découvrit tout le mystère.
  Chacun se réveille à ce son,
  Les brebis, le chien, le garçon.
  Le pauvre loup, dans cet esclandre,
  Empêché par son hoqueton,
  Ne put ni fuir ni se défendre.

Toujours par quelque endroit fourbes se laissent prendre.
  Quiconque est loup agisse en loup:
  C'est le plus certain de beaucoup.

FABLE IV.

Les Grenouilles qui demandent un Roi.

Les grenouilles, se lassant
De l'état démocratique,
Par leurs clameurs firent tant
Que Jupin les soumit au pouvoir monarchique.
Il leur tomba du ciel un roi tout pacifique :
Ce roi fit toutefois un tel bruit en tombant,
    Que la gent marécageuse,
    Gent fort sotte et fort peureuse,
    S'alla cacher sous les eaux,
    Dans les joncs, dans les roseaux,
    Dans les trous du marécage,
Sans oser de long-temps regarder au visage
Celui qu'elles croyoient être un géant nouveau.
    Or c'étoit un soliveau,
De qui la gravité fit peur à la première
    Qui, de le voir s'aventurant,
    Osa bien quitter sa tanière.
    Elle approcha, mais en tremblant.
Une autre la suivit, une autre en fit autant :
    Il en vint une fourmilière ;

Et leur troupe à la fin se rendit familière
    Jusqu'à sauter sur l'épaule du roi.
Le bon sire le souffre, et se tient toujours coi.
Jupin en a bientôt la cervelle rompue :
Donnez-nous, dit ce peuple, un roi qui se remue !
Le monarque des dieux leur envoie une grue,
        Qui les croque, qui les tue,
        Qui les gobe à son plaisir ;
        Et grenouilles de se plaindre,
Et Jupin de leur dire : Eh quoi ! votre désir
        A ses lois croit-il nous astreindre ?
        Vous avez dû premièrement
        Garder votre gouvernement ;
Mais ne l'ayant pas fait, il vous devoit suffire
Que votre premier roi fût débonnaire et doux :
        De celui-ci contentez-vous,
        De peur d'en rencontrer un pire.

FABLE V.

Le Renard et le Bouc.

Capitaine renard alloit de compagnie
Avec son ami bouc des plus haut encornés :
Celui-ci ne voyoit pas plus loin que son nez ;
L'autre étoit passé maître en fait de tromperie.
La soif les obligea de descendre en un puits :
    Là, chacun d'eux se désaltère.
Après qu'abondamment tous deux en eurent pris,
Le renard dit au bouc : Que ferons-nous, compère ?
Ce n'est pas tout de boire ; il faut sortir d'ici.
Lève tes pieds en haut, et tes cornes aussi ;
Mets-les contre le mur : le long de ton échine
    Je grimperai premièrement ;
    Puis sur tes cornes m'élevant,
    A l'aide de cette machine,
    De ce lieu-ci je sortirai,
    Après quoi je t'en tirerai.
Par ma barbe! dit l'autre, il est bon ; et je loue
    Les gens bien sensés comme toi.
    Je n'aurois jamais, quant à moi,
    Trouvé ce secret, je l'avoue.

Le renard sort du puits, laisse son compagnon,
 Et vous lui fait un beau sermon
 Pour l'exhorter à patience.
Si le ciel t'eût, dit-il, donné par excellence
Autant de jugement que de barbe au menton,
 Tu n'aurois pas à la légère
Descendu dans ce puits. Or, adieu; j'en suis hors :
Tâche de t'en tirer, et fais tous tes efforts;
 Car, pour moi, j'ai certaine affaire
Qui ne me permet pas d'arrêter en chemin.

En toute chose il faut considérer la fin.

FABLE VI.

L'Aigle, la Laie, et la Chatte.

L'aigle avoit ses petits au haut d'un arbre creux,
    La laie au pied, la chatte entre les deux ;
Et, sans s'incommoder, moyennant ce partage,
Mères et nourrissons faisoient leur tripotage.
La chatte détruisit par sa fourbe l'accord ;
Elle grimpa chez l'aigle, et lui dit : Notre mort
(Au moins de nos enfants, car c'est tout un aux mères)
    Ne tardera possible guères.
Voyez-vous à nos pieds fouir incessamment
Cette maudite laie, et creuser une mine ?
C'est pour déraciner le chêne assurément,
Et de nos nourrissons attirer la ruine :
    L'arbre tombant, ils seront dévorés ;
    Qu'ils s'en tiennent pour assurés.
S'il m'en restoit un seul, j'adoucirois ma plainte.
Au partir de ce lieu, qu'elle remplit de crainte,
    La perfide descend tout droit
        A l'endroit
    Où la laie étoit en gésine[1].

---

[1] C'est-à-dire venoit de mettre bas ses petits. *Gésine* est un vieux mot qui signifie en couche.

Ma bonne amie et ma voisine,
Lui dit-elle tout bas, je vous donne un avis :
L'aigle, si vous sortez, fondra sur vos petits.
　　Obligez-moi de n'en rien dire ;
　　Son courroux tomberoit sur moi.
Dans cette autre famille ayant semé l'effroi,
　　La chatte en son trou se retire.
L'aigle n'ose sortir, ni pourvoir aux besoins
　　De ses petits ; la laie encore moins :
Sottes de ne pas voir que le plus grand des soins
Ce doit être celui d'éviter la famine.
A demeurer chez soi l'une et l'autre s'obstine,
Pour secourir les siens dedans l'occasion :
　　L'oiseau royal, en cas de mine ;
　　La laie, en cas d'irruption.
La faim détruisit tout ; il ne resta personne
De la gent marcassine et de la gent aiglonne
　　Qui n'allât de vie à trépas :
　　Grand renfort pour messieurs les chats.

Que ne sait point ourdir une langue traîtresse
　　Par sa pernicieuse adresse !
　　　Des malheurs qui sont sortis
　　　De la boîte de Pandore,
Celui qu'à meilleur droit tout l'univers abhorre,
　　C'est la fourbe, à mon avis.

FABLE VII.

L'Ivrogne et sa Femme.

Chacun a son défaut, où toujours il revient :
    Honte ni peur n'y remédie.
  Sur ce propos, d'un conte il me souvient :
    Je ne dis rien que je n'appuie
De quelque exemple. Un suppôt de Bacchus
Altéroit sa santé, son esprit et sa bourse :
Telles gens n'ont pas fait la moitié de leur course
    Qu'ils sont au bout de leurs écus.
Un jour que celui-ci, plein du jus de la treille,
Avoit laissé ses sens au fond d'une bouteille,
Sa femme l'enferma dans un certain tombeau.
    Là, les vapeurs du vin nouveau
Cuvèrent à loisir. A son réveil il treuve
L'attirail de la mort à l'entour de son corps,
    Un luminaire, un drap des morts.
Oh! dit-il, qu'est-ce ci? Ma femme est-elle veuve?
Là-dessus, son épouse, en habit d'Alecton,
Masquée, et de sa voix contrefaisant le ton,
Vient au prétendu mort, approche de sa bière,
Lui présente un chaudeau [1] propre pour Lucifer.

[1] Bouillon chaud.

L'époux alors ne doute en aucune manière
    Qu'il ne soit citoyen d'enfer.
Quelle personne es-tu? dit-il à ce fantôme.
    La cellérière du royaume
De Satan, reprit-elle; et je porte à manger
    A ceux qu'enclôt la tombe noire.
    Le mari repart, sans songer :
    Tu ne leur portes point à boire?

FABLE VIII.

La Goutte et l'Araignée.

Quand l'enfer eut produit la goutte et l'araignée,
Mes filles, leur dit-il, vous pouvez vous vanter
    D'être pour l'humaine lignée
    Également à redouter.
Or, avisons aux lieux qu'il vous faut habiter.
    Voyez-vous ces cases étrètes,
Et ces palais si grands, si beaux, si bien dorés?
Je me suis proposé d'en faire vos retraites.
    Tenez donc, voici deux bûchettes;
    Accommodez-vous, ou tirez.
Il n'est rien, dit l'aragne [1], aux cases qui me plaise.
L'autre, tout au rebours, voyant les palais pleins
    De ces gens nommés médecins,
Ne crut pas y pouvoir demeurer à son aise.
Elle prend l'autre lot, y plante le piquet,
S'étend à son plaisir sur l'orteil d'un pauvre homme,
Disant : Je ne crois pas qu'en ce poste je chôme,
Ni que d'en déloger et faire mon paquet
    Jamais Hippocrate me somme.

Ancien mot, pour *araignée*.

L'aragne cependant se campe en un lambris,
Comme si de ces lieux elle eût fait bail à vie,
Travaille à demeurer : voilà sa toile ourdie,
  Voilà des moucherons de pris.
Une servante vient balayer tout l'ouvrage.
Autre toile tissue, autre coup de balai.
Le pauvre bestion[1] tous les jours déménage.
  Enfin, après un vain essai,
Il va trouver la goutte. Elle étoit en campagne,
  Plus malheureuse mille fois
  Que la plus malheureuse aragne.
Son hôte la menoit tantôt fendre du bois,
Tantôt fouir, houer : goutte bien tracassée
  Est, dit-on, à demi pansée.
Oh ! je ne saurois plus, dit-elle, y résister.
Changeons, ma sœur l'aragne. Et l'autre d'écouter :
Elle la prend au mot, se glisse en la cabane :
Point de coup de balai qui l'oblige à changer.
La goutte, d'autre part, va tout droit se loger
  Chez un prélat, qu'elle condamne
  A jamais du lit ne bouger.
Cataplasmes, Dieu sait ! Les gens n'ont point de honte
De faire aller le mal toujours de pis en pis.
L'une et l'autre trouva de la sorte son compte,
Et fit très-sagement de changer de logis.

[1] Petite bête.

FABLE IX.

Le Loup et la Cicogne.

Les loups mangent gloutonnement.
Un loup donc étant de frairie
Se pressa, dit-on, tellement,
Qu'il en pensa perdre la vie :
Un os lui demeura bien avant au gosier.
De bonheur pour ce loup, qui ne pouvoit crier,
Près de là passe une cicogne.
Il lui fait signe ; elle accourt.
Voilà l'opératrice aussitôt en besogne.
Elle retira l'os ; puis, pour un si bon tour,
Elle demanda son salaire.
Votre salaire ! dit le loup :
Vous riez, ma bonne commère !
Quoi ! ce n'est pas encor beaucoup
D'avoir de mon gosier retiré votre cou !
Allez, vous êtes une ingrate :
Ne tombez jamais sous ma patte.

FABLE X.

Le Lion abattu par l'Homme.

On exposoit une peinture
Où l'artisan avoit tracé
Un lion d'immense stature
Par un seul homme terrassé.
Les regardants en tiroient gloire.
Un lion, en passant, rabattit leur caquet.
Je vois bien, dit-il, qu'en effet
On vous donne ici la victoire;
Mais l'ouvrier vous a déçus :
Il avoit liberté de feindre.
Avec plus de raison nous aurions le dessus,
Si mes confrères savoient peindre.

FABLE XI.

Le Renard et les Raisins.

Certain renard gascon, d'autres disent normand,
Mourant presque de faim, vit au haut d'une treille
    Des raisins, mûrs apparemment [1],
    Et couverts d'une peau vermeille.
Le galant en eût fait volontiers un repas;
    Mais comme il n'y pouvoit atteindre :
Il sont trop verts, dit-il, et bons pour des goujats.

    Fit-il pas mieux que de se plaindre?

---

[1] C'est-à-dire en apparence.

FABLE XII.

Le Cygne et le Cuisinier.

Dans une ménagerie
De volatilles remplie
Vivoient le cygne et l'oison :
Celui-là destiné pour les regards du maître ;
Celui-ci, pour son goût : l'un qui se piquoit d'être
Commensal du jardin ; l'autre, de la maison.
Des fossés du château faisant leurs galeries,
Tantôt on les eût vus côte à côte nager,
Tantôt courir sur l'onde, et tantôt se plonger,
Sans pouvoir satisfaire à leurs vaines envies.
Un jour le cuisinier, ayant trop bu d'un coup,
Prit pour oison le cygne ; et, le tenant au cou,
Il alloit l'égorger, puis le mettre en potage.
L'oiseau, près de mourir, se plaint en son ramage.
    Le cuisinier fut fort surpris,
    Et vit bien qu'il s'étoit mépris.
Quoi ! je mettrois, dit-il, un tel chanteur en soupe !
Non, non, ne plaise aux dieux que jamais ma main coupe
    La gorge à qui s'en sert si bien !

Ainsi dans les dangers qui nous suivent en croupe
    Le doux parler ne nuit de rien.

FABLE XIII.

Les Loups et les Brebis.

Après mille ans et plus de guerre déclarée,
Les loups firent la paix avecque les brebis.
C'étoit apparemment le bien des deux partis :
Car, si les loups mangeoient mainte bête égarée,
Les bergers de leur peau se faisoient maints habits.
Jamais de liberté, ni pour les pâturages,
    Ni d'autre part pour les carnages :
Ils ne pouvoient jouir qu'en tremblant de leurs biens.
La paix se conclut donc : on donne des otages;
Les loups, leurs louveteaux; et les brebis, leurs chiens.
L'échange en étant fait aux formes ordinaires,
    Et réglé par des commissaires,
Au bout de quelque temps que messieurs les louvats [1]
Se virent loups parfaits et friands de tuerie,
Ils vous prennent le temps que dans la bergerie
    Messieurs les bergers n'étoient pas,
Étranglent la moitié des agneaux les plus gras,
Les emportent aux dents, dans les bois se retirent.
Ils avoient averti leurs gens secrètement.
Les chiens, qui, sur leur foi, reposoient sûrement,

---

[1] On disoit dans notre ancien langage *louvat, lovel, loviau,* pour un louveteau ou un petit loup.

Furent étranglés en dormant :
Cela fut sitôt fait qu'à peine ils le sentirent.
Tout fut mis en morceaux; un seul n'en échappa.

Nous pouvons conclure de là
Qu'il faut faire aux méchants guerre continuelle.
La paix est fort bonne de soi;
J'en conviens : mais de quoi sert-elle
Avec des ennemis sans foi?

FABLE XIV.

Le Lion devenu vieux.

Le lion, terreur des forêts,
Chargé d'ans et pleurant son antique prouesse,
Fut enfin attaqué par ses propres sujets,
   Devenus forts par sa foiblesse.
Le cheval s'approchant lui donne un coup de pied;
Le loup, un coup de dent; le bœuf, un coup de corne
Le malheureux lion, languissant, triste et morne,
Peut à peine rugir, par l'âge estropié.
Il attend son destin sans faire aucunes plaintes,
Quand voyant l'âne même à son antre accourir :
Ah! c'est trop, lui dit-il : je voulois bien mourir;
Mais c'est mourir deux fois que souffrir tes atteintes.

FABLE XV.

Philomèle et Progné.

Autrefois Progné l'hirondelle
De sa demeure s'écarta,
Et loin des villes s'emporta
Dans un bois où chantoit la pauvre Philomèle.
Ma sœur, lui dit Progné, comment vous portez-vous?
Voici tantôt mille ans que l'on ne vous a vue :
Je ne me souviens point que vous soyez venue,
Depuis le temps de Thrace [1], habiter parmi nous.
  Dites-moi, que pensez-vous faire?
Ne quitterez-vous point ce séjour solitaire?
Ah! reprit Philomèle, en est-il de plus doux?
Progné lui repartit : Eh quoi! cette musique,
  Pour ne chanter qu'aux animaux,
  Tout au plus à quelque rustique!
Le désert est-il fait pour des talents si beaux?
Venez faire aux cités éclater leurs merveilles :
  Aussi-bien, en voyant les bois,
Sans cesse il vous souvient que Térée [2] autrefois,

---

[1] Depuis le temps que vous étiez en Thrace. Ellipse qui n'est que la traduction élégante de l'expression μετὰ Θράκην de l'auteur grec.

[2] Térée, roi de Thrace, ayant, dans un bois écarté, outragé et cruelle-

Parmi des demeures pareilles,
Exerça sa fureur sur vos divins appas.
Eh! c'est le souvenir d'un si cruel outrage
Qui fait, reprit sa sœur, que je ne vous suis pas :
　　En voyant les hommes, hélas!
　　Il m'en souvient bien davantage.

ment mutilé Philomèle, sœur de Progné, sa femme, les deux sœurs s'en vengèrent en tuant le fils de ce prince, et en le lui donnant à manger. Philomèle fut changée en rossignol, et Progné en hirondelle. OVIDE, *Métamorph.*, liv. VI, 13.

FABLE XVI.

La Femme noyée.

Je ne suis pas de ceux qui disent : Ce n'est rien,
    C'est une femme qui se noie.
Je dis que c'est beaucoup ; et ce sexe vaut bien
Que nous le regrettions, puisqu'il fait notre joie.

Ce que j'avance ici n'est point hors de propos,
    Puisqu'il s'agit, en cette fable,
    D'une femme qui dans les flots
Avoit fini ses jours par un sort déplorable.
    Son époux en cherchoit le corps
    Pour lui rendre, en cette aventure,
    Les honneurs de la sépulture.
    Il arriva que, sur les bords
    Du fleuve auteur de sa disgrâce,
Des gens se promenoient ignorant l'accident.
    Ce mari donc leur demandant
S'ils n'avoient de sa femme aperçu nulle trace :
Nulle, reprit l'un d'eux ; mais cherchez-la plus bas :
    Suivez le fil de la rivière.
Un autre repartit : Non, ne le suivez pas ;

Rebroussez plutôt en arrière :
Quelle que soit la pente et l'inclination
　　Dont l'eau par sa course l'emporte,
　　L'esprit de contradiction
　　L'aura fait flotter d'autre sorte.

Cet homme se railloit assez hors de saison.
　　Quant à l'humeur contredisante,
　　Je ne sais s'il avoit raison ;
　　Mais que cette humeur soit ou non
　　Le défaut du sexe et sa pente,
　　Quiconque avec elle naîtra
　　Sans faute avec elle mourra,
　　Et jusqu'au bout contredira,
　　Et, s'il peut, encor par-delà.

FABLE XVII.

La Belette entrée dans un grenier.

Damoiselle belette, au corps long et fluet,
Entra dans un grenier par un trou fort étroit :
    Elle sortoit de maladie.
    Là, vivant à discrétion,
    La galande fit chère lie [1],
    Mangea, rongea : Dieu sait la vie,
Et le lard qui périt en cette occasion !
    La voilà, pour conclusion,
    Grasse, maflue [2] et rebondie.
Au bout de la semaine, ayant dîné son soûl,
Elle entend quelque bruit, veut sortir par le trou,
Ne peut plus repasser, et croit s'être méprise.
    Après avoir fait quelques tours,
C'est, dit-elle, l'endroit : me voilà bien surprise ;
J'ai passé par ici depuis cinq ou six jours.
    Un rat, qui la voyoit en peine,
Lui dit : Vous aviez lors la panse un peu moins pleine.

[1] Chère joyeuse, fit bonne chère.
[2] Le visage bouffi.

Vous êtes maigre entrée, il faut maigre sortir.
Ce que je vous dis là, l'on le dit à bien d'autres ;
Mais ne confondons point, par trop approfondir,
   Leurs affaires avec les vôtres.

FABLE XVIII.

Le Chat et le vieux Rat.

J'ai lu, chez un conteur de fables,
Qu'un second Rodilard, l'Alexandre des chats,
    L'Attila, le fléau des rats,
    Rendoit ces derniers misérables;
    J'ai lu, dis-je, en certain auteur,
    Que ce chat exterminateur,
Vrai Cerbère, étoit craint une lieue à la ronde :
Il vouloit de souris dépeupler tout le monde.
Les planches qu'on suspend sur un léger appui,
    La mort-aux-rats, les souricières,
    N'étoient que jeux au prix de lui.
    Comme il voit que dans leurs tanières
    Les souris étoient prisonnières,
Qu'elles n'osoient sortir, qu'il avoit beau chercher,
Le galant fait le mort, et du haut d'un plancher
Se pend la tête en bas : la bête scélérate
A de certains cordons se tenoit par la patte.
Le peuple des souris croit que c'est châtiment,
Qu'il a fait un larcin de rôt ou de fromage,
Égratigné quelqu'un, causé quelque dommage;

Enfin qu'on a pendu le mauvais garnement :
    Toutes, dis-je, unanimement
Se promettent de rire à son enterrement,
Mettent le nez à l'air, montrent un peu la tête,
      Puis rentrent dans leurs nids à rats,
      Puis, ressortant, font quatre pas,
      Puis enfin se mettent en quête.
    Mais voici bien une autre fête :
Le pendu ressuscite ; et, sur ses pieds tombant,
    Attrape les plus paresseuses.
Nous en savons plus d'un, dit-il en les gobant :
C'est tour de vieille guerre ; et vos cavernes creuses
Ne vous sauveront pas, je vous en avertis :
    Vous viendrez toutes au logis.
Il prophétisoit vrai : notre maître Mitis,
Pour la seconde fois les trompe et les affine,
    Blanchit sa robe et s'enfarine ;
    Et, de la sorte déguisé,
Se niche et se blottit dans une huche ouverte.
    Ce fut à lui bien avisé :
La gent trotte-menu s'en vient chercher sa perte.
Un rat, sans plus, s'abstient d'aller flairer autour :
C'étoit un vieux routier, il savoit plus d'un tour ;
Même il avoit perdu sa queue à la bataille.
Ce bloc enfariné ne me dit rien qui vaille,
S'écria-t-il de loin au général des chats :

Je soupçonne dessous encor quelque machine.
  Rien ne te sert d'être farine;
Car, quand tu serois sac, je n'approcherois pas.

C'étoit bien dit à lui; j'approuve sa prudence :
  Il étoit expérimenté,
  Et savoit que la méfiance
  Est mère de la sûreté.

FIN DU TROISIÈME LIVRE.

LIVRE QUATRIÈME.

FABLE PREMIÈRE.

Le Lion amoureux.

A MADEMOISELLE DE SÉVIGNÉ.

Sévigné, de qui les attraits
Servent aux Grâces de modèle,
Et qui naquîtes toute belle,
A votre indifférence près,
Pourriez-vous être favorable
Aux jeux innocents d'une fable,
Et voir, sans vous épouvanter,
Un lion qu'Amour sut dompter?
Amour est un étrange maître!
Heureux qui peut ne le connoître
Que par récit, lui ni ses coups!
Quand on en parle devant vous,
Si la vérité vous offense,
La fable au moins se peut souffrir :
Celle-ci prend bien l'assurance

De venir à vos pieds s'offrir,
Par zèle et par reconnoissance.

Du temps que les bêtes parloient,
Les lions, entre autres, vouloient
Être admis dans notre alliance.
Pourquoi non? puisque leur engeance
Valoit la nôtre en ce temps-là,
Ayant courage, intelligence,
Et belle hure outre cela.
Voici comment il en alla :

Un lion de haut parentage,
En passant par un certain pré,
Rencontra bergère à son gré :
Il la demande en mariage.
Le père auroit fort souhaité
Quelque gendre un peu moins terrible.
La donner lui sembloit bien dur :
La refuser n'étoit pas sûr;
Même un refus eût fait, possible,
Qu'on eût vu quelque beau matin
Un mariage clandestin :
Car, outre qu'en toute manière
La belle étoit pour les gens fiers,
Fille se coiffe volontiers

D'amoureux à longue crinière.
Le père donc ouvertement
N'osant renvoyer notre amant,
Lui dit : Ma fille est délicate ;
Vos griffes la pourront blesser
Quand vous voudrez la caresser.
Permettez donc qu'à chaque patte
On vous les rogne ; et pour les dents,
Qu'on vous les lime en même temps :
Vos baisers en seront moins rudes,
Et pour vous plus délicieux ;
Car ma fille y répondra mieux ;
Étant sans ces inquiétudes.
Le lion consent à cela,
Tant son âme étoit aveuglée !
Sans dents ni griffes le voilà,
Comme place démantelée.
On lâcha sur lui quelques chiens :
Il fit fort peu de résistance.

Amour ! Amour ! quand tu nous tiens,
On peut bien dire : Adieu prudence !

FABLE II.

Le Berger et la Mer.

Du rapport d'un troupeau, dont il vivoit sans soins,
Se contenta long-temps un voisin d'Amphitrite.
  Si sa fortune étoit petite,
  Elle étoit sûre tout au moins.
A la fin, les trésors déchargés sur la plage
Le tentèrent si bien, qu'il vendit son troupeau,
Trafiqua de l'argent, le mit entier sur l'eau.
  Cet argent périt par naufrage.
Son maître fut réduit à garder les brebis,
Non plus berger en chef comme il étoit jadis
Quand ses propres moutons paissoient sur le rivage :
Celui qui s'étoit vu Coridon ou Tircis,
  Fut Pierrot, et rien davantage.
Au bout de quelque temps il fit quelques profits,
  Racheta des bêtes à laine ;
Et comme un jour les vents, retenant leur haleine,
Laissoient paisiblement aborder les vaisseaux :
Vous voulez de l'argent, ô mesdames les Eaux !
Dit-il ; adressez-vous, je vous prie, à quelque autre :
  Ma foi ! vous n'aurez pas le nôtre.

Ceci n'est pas un conte à plaisir inventé.
Je me sers de la vérité
Pour montrer, par expérience,
Qu'un sou, quand il est assuré,
Vaut mieux que cinq en espérance ;
Qu'il se faut contenter de sa condition ;
Qu'aux conseils de la mer et de l'ambition
Nous devons fermer les oreilles.
Pour un qui s'en louera, dix mille s'en plaindront.
La mer promet monts et merveilles :
Fiez vous-y ; les vents et les voleurs viendront.

FABLE III.

La Mouche et la Fourmi.

La mouche et la fourmi contestoient de leur prix.
    O Jupiter! dit la première,
Faut-il que l'amour-propre aveugle les esprits
    D'une si terrible manière,
    Qu'un vil et rampant animal
A la fille de l'air ose se dire égal!
Je hante les palais, je m'assieds à ta table :
Si l'on t'immole un bœuf, j'en goûte devant toi ;
Pendant que celle-ci, chétive et misérable,
Vit trois jours d'un fétu qu'elle a traîné chez soi.
    Mais, ma mignonne, dites-moi,
Vous campez-vous jamais sur la tête d'un roi,
    D'un empereur, ou d'une belle?
Je le fais ; et je baise un beau sein quand je veux :
    Je me joue entre des cheveux ;
Je rehausse d'un teint la blancheur naturelle ;
Et la dernière main que met à sa beauté
    Une femme allant en conquête,
C'est un ajustement des mouches emprunté [1].

[1] L'usage que les dames avoient de coller sur leur visage de petits

Puis allez-moi rompre la tête
De vos greniers ! — Avez-vous dit ?
Lui répliqua la ménagère.
Vous hantez les palais; mais on vous y maudit.
Et quant à goûter la première
De ce qu'on sert devant les dieux,
Croyez-vous qu'il en vaille mieux ?
Si vous entrez partout, aussi font les profanes.
Sur la tête des rois et sur celle des ânes
Vous allez vous planter, je n'en disconviens pas;
Et je sais que d'un prompt trépas
Cette importunité bien souvent est punie.
Certain ajustement, dites-vous, rend jolie;
J'en conviens : il est noir ainsi que vous et moi :
Je veux qu'il ait nom mouche; est-ce un sujet pourquoi
Vous fassiez sonner vos mérites ?
Nomme-t-on pas aussi mouches les parasites ?
Cessez donc de tenir un langage si vain :
N'ayez plus ces hautes pensées.
Les mouches de cour sont chassées;
Les mouchards sont pendus : et vous mourrez de faim,
De froid, de langueur, de misère,
Quand Phébus régnera sur un autre hémisphère.

morceaux de taffetas noir découpés en rond, pour rehausser la blancheur
de leur teint, ou pour déguiser les inégalités de la peau, étoit commun
du temps de La Fontaine, et s'est prolongé jusqu'à la fin du dix-huitième
siècle.

Alors je jouirai du fruit de mes travaux :
Je n'irai, par monts ni par vaux,
M'exposer au vent, à la pluie ;
Je vivrai sans mélancolie :
Le soin que j'aurai pris de soins m'exemptera.
Je vous enseignerai par-là
Ce que c'est qu'une fausse ou véritable gloire.
Adieu ; je perds le temps : laissez-moi travailler ;
Ni mon grenier, ni mon armoire
Ne se remplit à babiller.

FABLE IV.

Le Jardinier et son Seigneur.

Un amateur du jardinage,
Demi-bourgeois, demi-manant,
Possédait en certain village
Un jardin assez propre, et le clos attenant.
Il avoit de plant vif fermé cette étendue :
Là croissoient à plaisir l'oseille et la laitue,
De quoi faire à Margot pour sa fête un bouquet,
Peu de jasmin d'Espagne, et force serpolet.
Cette félicité par un lièvre troublée
Fit qu'au seigneur du bourg notre homme se plaignit.
Ce maudit animal vient prendre sa goulée
Soir et matin, dit-il, et des piéges se rit ;
Les pierres, les bâtons y perdent leur crédit :
Il est sorcier, je crois. Sorcier ! je l'en défie,
Repartit le seigneur : fût-il diable, Miraut [1],
En dépit de ses tours, l'attrapera bientôt.
Je vous en déferai, bon homme, sur ma vie.
Et quand ? Et dès demain, sans tarder plus long-temps.

[1] Nom dérivé du verbe *mirer*, terme de chasse, qui signifie *viser, examiner* avec attention.

La partie ainsi faite, il vient avec ses gens.
Çà, déjeunons, dit-il : vos poulets sont-ils tendres?
La fille du logis, qu'on vous voie; approchez :
Quand la marîrons-nous? quand aurons-nous des gendres?
Bon homme, c'est ce coup qu'il faut, vous m'entendez,
    Qu'il faut fouiller à l'escarcelle.
Disant ces mots, il fait connoissance avec elle,
    Auprès de lui la fait asseoir,
Prend une main, un bras, lève un coin du mouchoir;
    Toutes sottises dont la belle
    Se défend avec grand respect:
Tant qu'au père à la fin cela devient suspect.
Cependant on fricasse, on se rue en cuisine.
De quand sont vos jambons? ils ont fort bonne mine.
Monsieur, ils sont à vous. Vraiment, dit le seigneur,
    Je les reçois, et de bon cœur.
Il déjeune très-bien; aussi fait sa famille,
Chiens, chevaux, et valets, tous gens bien endentés:
Il commande chez l'hôte, y prend des libertés,
    Boit son vin, caresse sa fille.
L'embarras des chasseurs succède au déjeuné.
    Chacun s'anime et se prépare :
Les trompes et les cors font un tel tintamarre
    Que le bon homme est étonné.
Le pis fut que l'on mit en piteux équipage
Le pauvre potager : adieu planches, carreaux;

Adieu chicorée et poireaux;
Adieu de quoi mettre au potage.
Le lièvre étoit gîté dessous un maître chou.
On le quête, on le lance : il s'enfuit par un trou,
Non pas trou, mais trouée, horrible et large plaie
Que l'on fit à la pauvre haie
Par ordre du seigneur; car il eût été mal
Qu'on n'eût pu du jardin sortir tout à cheval.
Le bon homme disoit : Ce sont là jeux de prince.
Mais on le laissoit dire : et les chiens et les gens
Firent plus de dégât en une heure de temps
Que n'en auroient fait en cent ans
Tous les lièvres de la province.

Petits princes, videz vos débats entre vous :
De recourir aux rois vous seriez de grands fous.
Il ne les faut jamais engager dans vos guerres,
Ni les faire entrer sur vos terres.

FABLE V.

L'Ane et le petit Chien.

Ne forçons point notre talent ;
Nous ne ferions rien avec grâce :
Jamais un lourdaud, quoi qu'il fasse,
Ne sauroit passer pour galant.
Peu de gens, que le ciel chérit et gratifie,
Ont le don d'agréer infus avec la vie.
C'est un point qu'il leur faut laisser,
Et ne pas ressembler à l'âne de la fable,
Qui, pour se rendre plus aimable
Et plus cher à son maître, alla le caresser.
Comment! disoit-il en son âme,
Ce chien, parce qu'il est mignon,
Vivra de pair à compagnon
Avec monsieur, avec madame ;
Et j'aurai des coups de bâton !
Que fait-il ? il donne la patte ;
Puis aussitôt il est baisé :
S'il en faut faire autant afin que l'on me flatte,
Cela n'est pas bien malaisé.
Dans cette admirable pensée,

Voyant son maître en joie, il s'en vient lourdement,
    Lève une corne tout usée,
La lui porte au menton fort amoureusement,
Non sans accompagner, pour plus grand ornement,
De son chant gracieux cette action hardie.
Oh! oh! quelle caresse! et quelle mélodie!
Dit le maître aussitôt. Holà, Martin-bâton [1]!
Martin-bâton accourt : l'âne change de ton.
    Ainsi finit la comédie.

[1] Le valet d'écurie, armé d'un bâton, chargé de corriger l'âne. Cette burlesque dénomination est prise de Rabelais, l. III, ch. IV.

FABLE VI.

Le combat des Rats et des Belettes.

La nation des belettes,
Non plus que celle des chats,
Ne veut aucun bien aux rats;
Et sans les portes étrètes [1]
De leurs habitations,
L'animal à longue échine
En feroit, je m'imagine,
De grandes destructions.
Or, une certaine année
Qu'il en étoit à foison,
Leur roi, nommé Ratapon,
Mit en campagne une armée.
Les belettes, de leur part,
Déployèrent l'étendard.
Si l'on croit la renommée,
La victoire balança :
Plus d'un guéret s'engraissa
Du sang de plus d'une bande.
Mais la perte la plus grande

[1] *Étrètes* pour *étroites*, à cause de la rime et par licence poétique.

Tomba presqu'en tous endroits
Sur le peuple souriquois.
Sa déroute fut entière,
Quoi que pût faire Artarpax,
Psicarpax, Méridarpax [1],
Qui, tout couverts de poussière,
Soutinrent assez long-temps
Les efforts des combattants.
Leur résistance fut vaine ;
Il fallut céder au sort :
Chacun s'enfuit au plus fort,
Tant soldat que capitaine.
Les princes périrent tous.
La racaille, dans des trous
Trouvant sa retraite prête,
Se sauva sans grand travail ;
Mais les seigneurs sur leur tête
Ayant chacun un plumail,
Des cornes ou des aigrettes,
Soit comme marques d'honneur,
Soit afin que les belettes
En conçussent plus de peur,
Cela causa leur malheur.
Trou, ni fente, ni crevasse,

[1] Ces mots sont tirés de la BATRACHOMYOMACHIE, ou du poëme intitulé le COMBAT DES GRENOUILLES ET DES RATS, attribué à Homère.

Ne fut large assez pour eux ;
Au lieu que la populace
Entroit dans les moindres creux.
La principale jonchée
Fut donc des principaux rats.

Une tête empanachée
N'est pas petit embarras.
Le trop superbe équipage
Peut souvent en un passage
Causer du retardement.
Les petits en toute affaire
Esquivent fort aisément :
Les grands ne le peuvent faire.

FABLE VII.

Le Singe et le Dauphin.

C'étoit chez les Grecs un usage
Que sur la mer tous voyageurs
Menoient avec eux en voyage
Singes et chiens de bateleurs.
Un navire en cet équipage
Non loin d'Athènes fit naufrage.
Sans les dauphins, tout eût péri,
Cet animal est fort ami
De notre espèce : en son histoire
Pline le dit; il le faut croire.
Il sauva donc tout ce qu'il put.
Même un singe en cette occurrence,
Profitant de la ressemblance,
Lui pensa devoir son salut :
Un dauphin le prit pour un homme,
Et sur son dos le fit asseoir
Si gravement, qu'on eût cru voir,
Ce chanteur que tant on renomme [1].

---

[1] Arion, qui, menacé par les matelots, fut sauvé par un dauphin qui l'avoit entendu chanter. (*Voy*. Pline, HIST. NAT., lib. IX, cap. VIII; Aul.

Le dauphin l'alloit mettre à bord
Quand, par hasard, il lui demande :
Êtes-vous d'Athènes la grande ?
Oui, dit l'autre ; on m'y connoît fort :
S'il vous y survient quelque affaire,
Employez-moi ; car mes parents
Y tiennent tous les premiers rangs :
Un mien cousin est juge-maire.
Le dauphin dit : Bien grand merci.
Et le Pirée a part aussi
A l'honneur de votre présence ?
Vous le voyez souvent, je pense ?
Tous les jours : il est mon ami ;
C'est une vieille connoissance.
Notre magot prit, pour ce coup,
Le nom d'un port pour un nom d'homme.

De telles gens il est beaucoup,
Qui prendroient Vaugirard pour Rome,
Et qui, caquetant au plu dru,
Parlent de tout, et n'ont rien vu.

Le dauphin rit, tourne la tête ;

Gell., NOCTES ATTICÆ, VII, VIII, et XVI, XIX, etc.) L'amitié du dauphin pour l'homme étoit chez les anciens un préjugé fondé sur ce que ce cétacé se rencontre dans toutes les mers, qu'il aime à suivre les vaisseaux ; et que peut-être il est, jusqu'à un certain point, susceptible d'être apprivoisé.

Et, le magot considéré,
Il s'aperçoit qu'il n'a tiré,
Du fond des eaux rien qu'une bête :
Il l'y replonge, et va trouver
Quelque homme afin de le sauver.

FABLE VIII.

L'Homme, et l'Idole de bois.

Certain païen chez lui gardoit un dieu de bois,
De ces dieux qui sont sourds, bien qu'ayant des oreilles :
Le païen cependant s'en promettoit merveilles.
    Il lui coûtoit autant que trois :
    Ce n'étoit que vœux et qu'offrandes,
Sacrifices de bœufs couronnés de guirlandes.
    Jamais idole, quel qu'il fût,
    N'avoit eu cuisine si grasse ;
Sans que, pour tout ce culte, à son hôte il échût
Succession, trésor, gain au jeu, nulle grâce.
Bien plus, si pour un sou d'orage en quelque endroit
    S'amassoit d'une ou d'autre sorte,
L'homme en avoit sa part ; et sa bourse en souffroit :
La pitance du dieu n'en étoit pas moins forte.
A la fin, se fâchant de n'en obtenir rien,
Il vous prend un levier, met en pièces l'idole,
Le trouve rempli d'or. Quand je t'ai fait du bien,
M'as-tu valu, dit-il, seulement une obole ?
Va, sors de mon logis, cherche d'autres autels.
    Tu ressembles aux naturels

Malheureux, grossiers, et stupides :
On n'en peut rien tirer qu'avecque le bâton.
Plus je te remplissois, plus mes mains étoient vides :
J'ai bien fait de changer de ton.

FABLE IX.

Le Geai paré des plumes du Paon.

Un paon muoit; un geai prit son plumage;
Puis après se l'accommoda;
Puis parmi d'autres paons tout fier se panada,
Croyant être un beau personnage.
Quelqu'un le reconnut : il se vit bafoué,
Berné, sifflé, moqué, joué,
Et par messieurs les paons plumé d'étrange sorte;
Même vers ses pareils s'étant réfugié,
Il fut par eux mis à la porte.

Il est assez de geais à deux pieds comme lui,
Qui se parent souvent des dépouilles d'autrui,
Et que l'on nomme plagiaires.
Je m'en tais, et ne veux leur causer nul ennui:
Ce ne sont pas là mes affaires.

FABLE X.

Le Chameau, et les Bâtons flottants.

Le premier qui vit un chameau
S'enfuit, à cet objet nouveau;
Le second approcha; le troisième osa faire
Un licou pour le dromadaire.
L'accoutumance ainsi nous rend tout familier :
Ce qui nous paroissoit terrible et singulier
S'apprivoise avec notre vue,
Quand ce vient à la continue.
Et puisque nous voici tombés sur ce sujet :
On avoit mis des gens au guet,
Qui, voyant sur les eaux de loin certain objet,
Ne purent s'empêcher de dire
Que c'étoit un puissant navire.
Quelques moments après, l'objet devint brûlot,
Et puis nacelle, et puis ballot,
Enfin bâtons flottant sur l'onde.

J'en sais beaucoup de par le monde
A qui ceci conviendroit bien :
De loin, c'est quelque chose; et de près, ce n'est rien.

FABLE XI.

La Grenouille et le Rat.

Tel, comme dit Merlin[1], cuide[2] engeigner[3] autrui;
    Qui souvent s'engeigne soi-même.
J'ai regret que ce mot soit trop vieux aujourd'hui;
Il m'a toujours semblé d'une énergie extrême.
Mais afin d'en venir au dessein que j'ai pris :
Un rat plein d'embonpoint, gras, et des mieux nourris,
Et qui ne connoissoit l'avent ni le carême,
Sur le bord d'un marais égayoit ses esprits.
Une grenouille approche, et lui dit en sa langue :
Venez me voir chez moi, je vous ferai festin.
    Messire rat promit soudain :
Il n'étoit pas besoin de plus longue harangue.

[1] M. Guillon observe que ce n'est point du célèbre enchanteur Merlin de l'Arioste que La Fontaine a voulu parler, mais de Merlin Coccaie (Folengo), l'auteur de l'Histoire macaronique, qui a dit :
>   Vidimus experti quod quisquis fallere certat,
>   Deceptum tandem se cernit tempore quoquo.
>   MACARON., X, p. 228, Venet., 1581.

C'est sans doute dans une ancienne traduction de ce poëme que notre poëte a puisé la phrase qu'il rapporte.

[2] Croit, pense, s'imagine.

[3] Tromper, séduire. On disoit aussi *enganner*, et plus anciennement *engignier*.

Elle allégua pourtant les délices du bain,
La curiosité, le plaisir du voyage,
Cent raretés à voir le long du marécage :
Un jour il conteroit à ses petits-enfants
Les beautés de ces lieux, les mœurs des habitants,
Et le gouvernement de la chose publique
   Aquatique.
Un point sans plus tenoit le galant empêché :
Il nageoit quelque peu, mais il falloit de l'aide.
La grenouille à cela trouve un très-bon remède ;
Le rat fut à son pied par la patte attaché ;
  Un brin de jonc en fit l'affaire.
Dans le marais entrés, notre bonne commère
S'efforce de tirer son hôte au fond de l'eau,
Contre le droit des gens, contre la foi jurée ;
Prétend qu'elle en fera gorge-chaude [1] et curée [2] :
C'étoit, à son avis, un excellent morceau.
Déjà dans son esprit la galande le croque.
Il atteste les dieux ; la perfide s'en moque :
Il résiste ; elle tire. En ce combat nouveau,
Un milan, qui dans l'air planoit, faisoit la ronde,
Voit d'en haut le pauvret se débattant sur l'onde.
Il fond dessus, l'enlève, et, par même moyen,

[1] *Gorge-chaude*, en terme de fauconnerie, est la viande chaude qu'on donne aux oiseaux de proie, et qu'on prend du gibier qu'ils ont attrapé.

[2] *Curée*, en terme de vénerie, est la pâture qu'on donne aux chiens de chasse, en leur faisant manger de la bête qu'ils ont prise.

La grenouille et le lien.
Tout en fut, tant et si bien
Que de cette double proie
L'oiseau se donne au cœur joie,
Ayant, de cette façon,
A souper chair et poisson.

La ruse la mieux ourdie
Peut nuire à son inventeur ;
Et souvent la perfidie
Retourne sur son auteur.

FABLE XII.

Tribut envoyé par les Animaux à Alexandre.

Une fable avoit cours parmi l'antiquité[1];
Et la raison ne m'en est pas connue.
Que le lecteur en tire une moralité;
Voici la fable toute nue :

La renommée ayant dit en cent lieux
Qu'un fils de Jupiter, un certain Alexandre,
Ne voulant rien laisser de libre sous les cieux,
Commandoit que, sans plus attendre,
Tout peuple à ses pieds s'allât rendre,
Quadrupèdes, humains, éléphants, vermisseaux,
Les républiques des oiseaux;
La déesse aux cent bouches, dis-je,
Ayant mis partout la terreur
En publiant l'édit du nouvel empereur,
Les animaux et toute espèce lige[2]

---

[1] Nullement. On ne la trouve dans aucun auteur ancien ; mais La Fontaine aura lu cette assertion dans quelque recueil qui contenoit cette fable, et il l'aura crue exacte.

[2] Esclave de son seul appétit.

De son seul appétit, crurent que cette fois
    Il falloit subir d'autres lois.
On s'assemble au désert : tous quittent leur tanière.
Après divers avis, on résout, on conclut
    D'envoyer hommage et tribut.
    Pour l'hommage et pour la manière,
Le singe en fut chargé : l'on lui mit par écrit
    Ce que l'on vouloit qui fût dit.
    Le seul tribut les tint en peine :
    Car que donner? il falloit de l'argent.
    On en prit d'un prince obligeant,
    Qui, possédant dans son domaine
Des mines d'or, fournit ce qu'on voulut.
Comme il fut question de porter ce tribut,
    Le mulet et l'âne s'offrirent,
Assistés du cheval ainsi que du chameau.
    Tous quatre en chemin ils se mirent
Avec le singe, ambassadeur nouveau.
La caravane enfin rencontre en un passage
Monseigneur le lion : cela ne leur plut point.
    Nous nous rencontrons tout à point,
Dit-il; et nous voici compagnons de voyage.
    J'allois offrir mon fait à part;
Mais, bien qu'il soit léger, tout fardeau m'embarrasse.
    Obligez-moi de me faire la grâce
    Que d'en porter chacun un quart :

Ce ne vous sera pas une charge trop grande ;
Et j'en serai plus libre et bien plus en état
En cas que les voleurs attaquent notre bande,
    Et que l'on en vienne au combat.
Éconduire un lion rarement se pratique.
Le voilà donc admis, soulagé, bien reçu,
Et, malgré le héros de Jupiter issu,
Faisant chère et vivant sur la bourse publique.
    Ils arrivèrent dans un pré
Tout bordé de ruisseaux, de fleurs tout diapré,
    Où maint mouton cherchoit sa vie :
    Séjour du frais, véritable patrie
Des zéphyrs. Le lion n'y fut pas, qu'à ces gens
    Il se plaignit d'être malade.
    Continuez votre ambassade,
Dit-il ; je sens un feu qui me brûle au dedans,
Et veux chercher ici quelque herbe salutaire.
    Pour vous, ne perdez point de temps :
Rendez-moi mon argent ; j'en puis avoir affaire.
On déballe ; et d'abord le lion s'écria
    D'un ton qui témoignoit sa joie :
Que de filles, ô dieux, mes pièces de monnoie
Ont produites ! Voyez : la plupart sont déjà
    Aussi grandes que leurs mères.
Le croît m'en appartient. Il prit tout là-dessus ;
Ou bien, s'il ne prit tout, il n'en demeura guères.

Le singe et les sommiers ¹ confus,
Sans oser répliquer, en chemin se remirent.
Au fils de Jupiter on dit qu'ils se plaignirent,
    Et n'en eurent point de raison.

Qu'eût-il fait? C'eût été lion contre lion;
Et le proverbe dit : Corsaires à corsaires,
L'un l'autre s'attaquant, ne font pas leurs affaires.

¹ Les bêtes de somme chargées de transporter les marchandises.

FABLE XIII.

Le Cheval s'étant voulu venger du Cerf.

De tout temps les chevaux ne sont nés pour les hommes.
Lorsque le genre humain de glands se contentoit,
Ane, cheval, et mule, aux forêts habitoit :
Et l'on ne voyoit point, comme au siècle où nous sommes,
  Tant de selles et tant de bâts,
  Tant de harnois pour les combats,
  Tant de chaises, tant de carrosses ;
  Comme aussi ne voyoit-on pas
  Tant de festins et tant de noces.
 Or, un cheval eut alors différend
  Avec un cerf plein de vitesse ;
 Et, ne pouvant l'attraper en courant,
Il eut recours à l'homme, implora son adresse.
L'homme lui mit un frein, lui sauta sur le dos,
  Ne lui donna point de repos
Que le cerf ne fût pris, et n'y laissât la vie.
 Et cela fait, le cheval remercie
L'homme son bienfaiteur, disant : Je suis à vous ;
Adieu ; je m'en retourne en mon séjour sauvage.
Non pas cela, dit l'homme ; il fait meilleur chez nous :

Je vois trop quel est votre usage.
Demeurez donc ; vous serez bien traité,
Et jusqu'au ventre en la litière.

Hélas! que sert la bonne chère
Quand on n'a pas la liberté !
Le cheval s'aperçut qu'il avoit fait folie;
Mais il n'étoit plus temps; déjà son écurie
Étoit prête et toute bâtie.
Il y mourut en traînant son lien :
Sage, s'il eût remis une légère offense.

Quel que soit le plaisir que cause la vengeance,
C'est l'acheter trop cher que l'acheter d'un bien
Sans qui les autres ne sont rien.

FABLE XIV.

Le Renard et le Buste.

Les grands, pour la plupart, sont masques de théâtre ;
Leur apparence impose au vulgaire idolâtre.
L'âne n'en sait juger que par ce qu'il en voit :
Le renard, au contraire, à fond les examine,
Les tourne de tout sens ; et, quand il s'aperçoit
    Que leur fait n'est que bonne mine,
Il leur applique un mot qu'un buste de héros
    Lui fit dire fort à propos.
C'étoit un buste creux, et plus grand que nature.
Le renard, en louant l'effort de la sculpture :
« Belle tête, dit-il, mais de cervelle point. »

Combien de grands seigneurs sont bustes en ce point !

FABLE XV.

Le Loup, la Chèvre, et le Chevreau.

La bique, allant remplir sa traînante mamelle,
    Et paître l'herbe nouvelle,
    Ferma sa porte au loquet,
    Non sans dire à son biquet :
    Gardez-vous, sur votre vie,
    D'ouvrir que l'on ne vous die,
    Pour enseigne et mot du guet :
    Foin du loup et de sa race !
    Comme elle disoit ces mots,
    Le loup, de fortune[1], passe ;
    Il les recueille à propos,
    Et les garde en sa mémoire.
    La bique, comme on peut croire,
    N'avoit pas vu le glouton.
Dès qu'il la voit partie, il contrefait son ton,
    Et d'une voix papelarde[2],
Il demande qu'on ouvre, en disant : Foin du loup !
    Et croyant entrer tout d'un coup.

[1] Par hasard.
[2] Mignarde, hypocrite.

Le biquet soupçonneux par la fente regarde :
Montrez-moi patte blanche, ou je n'ouvrirai point,
S'écria-t-il d'abord. Patte blanche est un point
Chez les loups, comme on sait, rarement en usage.
Celui-ci, fort surpris d'entendre ce langage,
Comme il étoit venu s'en retourna chez soi.
Où seroit le biquet, s'il eût ajouté foi
  Au mot du guet que, de fortune,
  Notre loup avoit entendu?

  Deux sûretés valent mieux qu'une;
Et le trop en cela ne fut jamais perdu.

FABLE XVI.

Le Loup, la Mère, et l'Enfant.

Ce loup me remet en mémoire
Un de ses compagnons qui fut encor mieux pris :
    Il y périt. Voici l'histoire :

Un villageois avoit à l'écart son logis.
Messer loup attendoit chape-chute ¹ à la porte ;
Il avoit vu sortir gibier de toute sorte,
    Veaux de lait, agneaux et brebis,
Régiment de dindons, enfin bonne provende ².
Le larron commençoit pourtant à s'ennuyer.
    Il entend un enfant crier :
    La mère aussitôt le gourmande,
    Le menace, s'il ne se tait,
De le donner au loup. L'animal se tient prêt,
Remerciant les dieux d'une telle aventure,
Quand la mère, apaisant sa chère géniture,
Lui dit : Ne criez point ; s'il vient, nous le tuerons.

¹ Expression proverbiale, pour dire, attendoit l'occasion de profiter de la négligence ou du malheur d'autrui.

² Provision de bouche.

Qu'est-ce ci! s'écria le mangeur de moutons :
Dire d'un, puis d'un autre ! Est-ce ainsi que l'on traite
Les gens faits comme moi ? me prend-on pour un sot ?
    Que quelque jour ce beau marmot
    Vienne au bois cueillir la noisette...
Comme il disoit ces mots, on sort de la maison :
Un chien de cour l'arrête; épieux [1] et fourches fières [2]
    L'ajustent de toutes manières.
Que veniez-vous chercher en ce lieu? lui dit-on.
    Aussitôt il conta l'affaire.
    Merci de moi ! lui dit la mère;
Tu mangeras mon fils ! L'ai-je fait à dessein
    Qu'il assouvisse un jour ta faim ?
    On assomma la pauvre bête.
Un manant lui coupa le pied droit et la tête :
Le seigneur du village à sa porte les mit;
Et ce dicton picard alentour fut écrit :

    « Biaux chires leups, n'écoutez mie
    « Mère tenchent chen fieux qui crie. »

[1] L'épieux est une arme à fer plat et pointu, dont on se sert pour la chasse au sanglier.

[2] Ce mot signifie, selon Le Duchat, des fourches de fer attachées à de longues perches, pour renverser les échelles à un assaut ou à une escalade.

FABLE XVII.

Parole de Socrate.

Socrate un jour faisant bâtir,
    Chacun censuroit son ouvrage :
L'un trouvoit les dedans, pour ne lui point mentir,
    Indignes d'un tel personnage ;
L'autre blâmoit la face, et tous étoient d'avis
Que les appartements en étoient trop petits.
Quelle maison pour lui ! l'on y tournoit à peine.
    Plût au ciel que de vrais amis,
Telle qu'elle est, dit-il, elle pût être pleine !

    Le bon Socrate avoit raison
De trouver pour ceux-là trop grande sa maison.
Chacun se dit ami ; mais fou qui s'y repose :
    Rien n'est plus commun que ce nom,
    Rien n'est plus rare que la chose.

FABLE XVIII.

Le Vieillard et ses Enfants.

Toute puissance est foible, à moins que d'être unie :
Écoutez là-dessus l'esclave de Phrygie.
Si j'ajoute du mien à son invention,
C'est pour peindre nos mœurs, et non point par envie ;
Je suis trop au-dessous de cette ambition.
Phèdre enchérit souvent par un motif de gloire ;
Pour moi, de tels pensers me seroient malséants.
Mais venons à la fable, ou plutôt à l'histoire
De celui qui tâcha d'unir tous ses enfants.

Un vieillard près d'aller où la mort l'appeloit,
Mes chers enfants, dit-il (à ses fils il parloit),
Voyez si vous romprez ces dards liés ensemble ;
Je vous expliquerai le nœud qui les assemble.
L'aîné les ayant pris, et fait tous ses efforts,
Les rendit, en disant : Je le donne aux plus forts.
Un second lui succède, et se met en posture,
Mais en vain. Un cadet tente aussi l'aventure.
Tous perdirent leur temps ; le faisceau résista :

De ces dards joints ensemble un seul ne s'éclata.
Foibles gens, dit le père, il faut que je vous montre
Ce que ma force peut en semblable rencontre.
On crut qu'il se moquoit ; on sourit, mais à tort :
Il sépare les dards, et les rompt sans effort.
Vous voyez, reprit-il, l'effet de la concorde :
Soyez joints, mes enfants ; que l'amour vous accorde.
Tant que dura son mal, il n'eut autre discours.
Enfin se sentant près de terminer ses jours,
Mes chers enfants, dit-il, je vais où sont nos pères ;
Adieu : promettez-moi de vivre comme frères ;
Que j'obtienne de vous cette grâce en mourant.
Chacun de ses trois fils l'en assure en pleurant.
Il prend à tous les mains ; il meurt. Et les trois frères
Trouvent un bien fort grand, mais fort mêlé d'affaires.
Un créancier saisit ; un voisin fait procès :
D'abord notre trio s'en tire avec succès.
Leur amitié fut courte autant qu'elle étoit rare.
Le sang les avoit joints ; l'intérêt les sépare :
L'ambition, l'envie, avec les consultants,
Dans la succession entrent en même temps.
On en vient au partage, on conteste, on chicane :
Le juge sur cent points tour à tour les condamne.
Créanciers et voisins reviennent aussitôt,
Ceux-là sur une erreur, ceux-ci sur un défaut.

Les frères désunis sont tous d'avis contraire :
L'un veut s'accommoder, l'autre n'en veut rien faire.
Tous perdirent leur bien, et voulurent trop tard
Profiter de ces dards unis et pris à part.

FABLE XIX.

L'Oracle et l'Impie.

Vouloir tromper le ciel, c'est folie à la terre.
Le dédale des cœurs en ses détours n'enserre
Rien qui ne soit d'abord éclairé par les dieux :
Tout ce que l'homme fait, il le fait à leurs yeux,
Même les actions que dans l'ombre il croit faire.

Un païen, qui sentoit quelque peu le fagot [1],
Et qui croyoit en Dieu, pour user de ce mot,
    Par bénéfice d'inventaire,
    Alla consulter Apollon.
    Dès qu'il fut en son sanctuaire :
Ce que je tiens, dit-il, est-il en vie ou non ?
    Il tenoit un moineau, dit-on,
    Près d'étouffer la pauvre bête,
    Ou de la lâcher aussitôt,
    Pour mettre Apollon en défaut.
Apollon reconnut ce qu'il avoit en tête :
Mort ou vif, lui dit-il, montre-nous ton moineau,

[1] Expression proverbiale, pour dire, qui méritoit d'être brûlé vif.

Et ne me tends plus de panneau;
Tu te trouverois mal d'un pareil stratagème :
Je vois de loin; j'atteins de même.

FABLE XX.

L'Avare qui a perdu son trésor.

L'usage seulement fait la possession.
Je demande à ces gens de qui la passion
Est d'entasser toujours, mettre somme sur somme,
Quel avantage ils ont que n'ait pas un autre homme.
Diogène là-bas est aussi riche qu'eux ;
Et l'avare ici-haut comme lui vit en gueux.
L'homme au trésor caché qu'Ésope nous propose,
    Servira d'exemple à la chose.

    Ce malheureux attendoit
Pour jouir de son bien une seconde vie ;
Ne possédoit pas l'or, mais l'or le possédoit.
Il avoit dans la terre une somme enfouie,
    Son cœur avec, n'ayant autre déduit [1]
    Que d'y ruminer jour et nuit,
Et rendre sa chevance [2] à lui-même sacrée.
Qu'il allât ou qu'il vînt, qu'il bût ou qu'il mangeât,
On l'eût pris de bien court à moins qu'il ne songeât

---

[1] Autre plaisir.
[2] Son bien.

A l'endroit où gisoit cette somme enterrée.
Il y fit tant de tours, qu'un fossoyeur le vit,
Se douta du dépôt, l'enleva sans rien dire.
Notre avare un beau jour ne trouva que le nid.
Voilà mon homme aux pleurs : il gémit, il soupire,
  Il se tourmente, il se déchire.
Un passant lui demande à quel sujet ses cris. —
  C'est mon trésor que l'on m'a pris. —
Votre trésor ! où pris ?—Tout joignant cette pierre. —
  Eh ! sommes-nous en temps de guerre
Pour l'apporter si loin ? N'eussiez-vous pas mieux fait
De le laisser chez vous en votre cabinet
  Que de le changer de demeure ?
Vous auriez pu sans peine y puiser à toute heure. —
A toute heure, bons dieux ! ne tient-il qu'à cela ?
  L'argent vient-il comme il s'en va ?
Je n'y touchois jamais.—Dites-moi donc, de grâce,
Reprit l'autre, pourquoi vous vous affligez tant ?
Puisque vous ne touchiez jamais à cet argent,
  Mettez une pierre à la place ;
  Elle vous vaudra tout autant.

FABLE XXI.

L'OEil du Maître.

Un cerf, s'étant sauvé dans une étable à bœufs,
    Fut d'abord averti par eux
    Qu'il cherchât un meilleur asile.
Mes frères, leur dit-il, ne me décelez pas :
Je vous enseignerai les pâtis les plus gras ;
Ce service vous peut quelque jour être utile,
    Et vous n'en aurez point regret.
Les bœufs, à toute fin, promirent le secret.
Il se cache en un coin, respire, et prend courage.
Sur le soir on apporte herbe fraîche et fourrage,
    Comme l'on faisoit tous les jours :
    L'on va, l'on vient, les valets font cent tours,
    L'intendant même ; et pas un d'aventure
        N'aperçut ni cor, ni ramure,
    Ni cerf enfin. L'habitant des forêts
Rend déjà grâce aux bœufs, attend dans cette étable
Que, chacun retournant au travail de Cérès,
Il trouve pour sortir un moment favorable.
L'un des bœufs ruminant lui dit : Cela va bien ;
Mais quoi ! l'homme aux cent yeux n'a pas fait sa revue :

Je crains fort pour toi sa venue;
Jusque-là, pauvre cerf, ne te vante de rien.
Là-dessus le maître entre et vient faire sa ronde.
    Qu'est-ce ci? dit-il à son monde;
Je trouve bien peu d'herbe en tous ces rateliers.
Cette litière est vieille; allez vite aux greniers.
Je veux voir désormais vos bêtes mieux soignées.
Que coûte-t-il d'ôter toutes ces araignées?
Ne sauroit-on ranger ces jougs et ces colliers?
En regardant à tout il voit une autre tête
Que celles qu'il voyoit d'ordinaire en ce lieu.
Le cerf est reconnu : chacun prend un épieu;
    Chacun donne un coup à la bête.
Ses larmes ne sauroient la sauver du trépas.
On l'emporte, on la sale, on en fait maint repas,
    Dont maint voisin s'éjouit d'être.

Phèdre sur ce sujet dit fort élégamment:
    Il n'est pour voir que l'œil du maître.
Quant à moi, j'y mettrois encor l'œil de l'amant.

FABLE XXII.

L'Alouette et ses Petits, avec le Maître d'un champ.

Ne t'attends qu'à toi seul; c'est un commun proverbe.
 Voici comme Ésope le mit
  En crédit:

  Les alouettes font leur nid
  Dans les blés, quand ils sont en herbe,
  C'est-à-dire environ le temps
Que tout aime et que tout pullule dans le monde,
  Monstres marins au fond de l'onde,
Tigres dans les forêts, alouettes aux champs.
  Une pourtant de ces dernières
Avoit laissé passer la moitié d'un printemps
Sans goûter le plaisir des amours printanières.
A toute force enfin elle se résolut
D'imiter la nature, et d'être mère encore.
Elle bâtit un nid, pond, couve, et fait éclore,
A la hâte : le tout alla du mieux qu'il put.
Les blés d'alentour mûrs avant que la nitée[1]
  Se trouvât assez forte encor

[1] La nichée. Le mot *nitée* est en usage dans quelques provinces.

LIVRE IV.

Pour voler et prendre l'essor,
De mille soins divers l'alouette agitée
S'en va chercher pâture, avertit ses enfants
D'être toujours au guet et faire sentinelle.
    Si le possesseur de ces champs
Vient avecque son fils, comme il viendra, dit-elle,
    Écoutez bien : selon ce qu'il dira,
    Chacun de nous décampera.
Sitôt que l'alouette eut quitté sa famille,
Le possesseur du champ vient avecque son fils.
Ces blés sont mûrs, dit-il : allez chez nos amis
Les prier que chacun, apportant sa faucille,
Nous vienne aider demain dès la pointe du jour.
    Notre alouette de retour
    Trouve en alarme sa couvée.
L'un commence : Il a dit que, l'aurore levée,
L'on fît venir demain ses amis pour l'aider.
S'il n'a dit que cela, repartit l'alouette,
Rien ne nous presse encor de changer de retraite;
Mais c'est demain qu'il faut tout de bon écouter.
Cependant soyez gais; voilà de quoi manger.
Eux repus, tout s'endort, les petits et la mère.
L'aube du jour arrive, et d'amis point du tout.
L'alouette à l'essor, le maître s'en vient faire
    Sa ronde ainsi qu'à l'ordinaire.
Ces blés ne devroient pas, dit-il, être debout.

Nos amis ont grand tort; et tort qui se repose
Sur de tels paresseux, à servir ainsi lents.
  Mon fils, allez chez nos parents
   Les prier de la même chose.
L'épouvante est au nid plus forte que jamais.
Il a dit ses parents, mère! c'est à cette heure...
  Non, mes enfants; dormez en paix :
  Ne bougeons de notre demeure.
L'alouette eut raison, car personne ne vint.
Pour la troisième fois, le maître se souvint
De visiter ses blés. Notre erreur est extrême,
Dit-il, de nous attendre à d'autres gens que nous.
Il n'est meilleur ami ni parent que soi-même.
Retenez bien cela, mon fils. Et savez-vous
Ce qu'il faut faire? Il faut qu'avec notre famille
Nous prenions dès demain chacun une faucille :
C'est là notre plus court; et nous achèverons
  Notre moisson quand nous pourrons.
Dès-lors que ce dessein fut su de l'alouette :
C'est ce coup qu'il est bon de partir, mes enfants!
  Et les petits, en même temps,
   Voletants, se culebutants,
  Délogèrent tous sans trompette.

FIN DU QUATRIÈME LIVRE.

LIVRE CINQUIÈME.

FABLE PREMIÈRE.

Le Bûcheron et Mercure.

A M. L. C. D. B.

Votre goût a servi de règle à mon ouvrage :
J'ai tenté les moyens d'acquérir son suffrage.
Vous voulez qu'on évite un soin trop curieux,
Et des vains ornements l'effort ambitieux ;
Je le veux comme vous : cet effort ne peut plaire.
Un auteur gâte tout quand il veut trop bien faire.
Non qu'il faille bannir certains traits délicats :
Vous les aimez, ces traits ; et je ne les hais pas.
Quant au principal but qu'Ésope se propose,
    J'y tombe au moins mal que je puis.
Enfin, si dans ces vers je ne plais et n'instruis,
Il ne tient pas à moi ; c'est toujours quelque chose.
    Comme la force est un point
    Dont je ne me pique point,
Je tâche d'y tourner le vice en ridicule,

Ne pouvant l'attaquer avec des bras d'Hercule.
C'est là tout mon talent; je ne sais s'il suffit.
 Tantôt je peins en un récit
La sotte vanité jointe avecque l'envie,
Deux pivots sur qui roule aujourd'hui notre vie:
 Tel est ce chétif animal
Qui voulut en grosseur au bœuf se rendre égal.
J'oppose quelquefois, par une double image,
Le vice à la vertu, la sottise au bon sens,
 Les agneaux aux loups ravissants,
La mouche à la fourmi; faisant de cet ouvrage
Une ample comédie à cent actes divers,
 Et dont la scène est l'univers.
Hommes, dieux, animaux, tout y fait quelque rôle,
Jupiter comme un autre. Introduisons celui
Qui porte de sa part aux belles la parole:
Ce n'est pas de cela qu'il s'agit aujourd'hui.

 Un bûcheron perdit son gagne-pain,
 C'est sa cognée; et la cherchant en vain,
 Ce fut pitié là-dessus de l'entendre.
 Il n'avoit pas des outils à revendre:
 Sur celui-ci rouloit tout son avoir.
 Ne sachant donc où mettre son espoir,
 Sa face étoit de pleurs toute baignée:
 O ma cognée! ô ma pauvre cognée!

S'écrioit-il : Jupiter, rends-la-moi;
Je tiendrai l'être encore un coup de toi.
Sa plainte fut de l'Olympe entendue.
Mercure vient. Elle n'est pas perdue,
Lui dit ce dieu; la connoîtras-tu bien?
Je crois l'avoir près d'ici rencontrée.
Lors une d'or à l'homme étant montrée,
Il répondit : Je n'y demande rien.
Une d'argent succède à la première;
Il la refuse. Enfin une de bois
Voilà, dit-il, la mienne cette fois :
Je suis content si j'ai cette dernière.
Tu les auras, dit le dieu, toutes trois :
Ta bonne foi sera récompensée.
En ce cas-là je les prendrai, dit-il.
L'histoire en est aussitôt dispersée;
Et boquillons[1] de perdre leur outil,
Et de crier pour se le faire rendre.
Le roi des dieux ne sait auquel entendre.
Son fils Mercure aux criards vient encor;
A chacun d'eux il en montre une d'or.
Chacun eût cru passer pour une bête
De ne pas dire aussitôt : La voilà !

---

[1] On disoit autrefois *boquet* pour *bosquet*, et *boquillon* pour *bosquillon*, apprenti bûcheron qui travaille aux bosquets.

Mercure, au lieu de donner celle-là,
Leur en décharge un grand coup sur la téte.

Ne point mentir, être content du sien,
C'est le plus sûr : cependant on s'occupe
A dire faux pour attraper du bien.
Que sert cela? Jupiter n'est pas dupe.

FABLE II.

Le Pot de terre et le Pot de fer.

Le pot de fer proposa
Au pot de terre un voyage.
Celui-ci s'en excusa,
Disant qu'il feroit que sage [1]
De garder le coin du feu :
Car il lui falloit si peu,
Si peu, que la moindre chose
De son débris seroit cause :
Il n'en reviendroit morceau.
Pour vous, dit-il, dont la peau
Est plus dure que la mienne,
Je ne vois rien qui vous tienne.
Nous vous mettrons à couvert,
Repartit le pot de fer :
Si quelque matière dure
Vous menace, d'aventure,
Entre deux je passerai,
Et du coup vous sauverai.
Cette offre le persuade.

[1] Qu'il feroit fort sagement. Ancienne locution.

Pot de fer son camarade
Se met droit à ses côtés.
Mes gens s'en vont à trois pieds
Clopin clopant comme ils peuvent,
L'un contre l'autre jetés
Au moindre hoquet[1] qu'ils treuvent.
Le pot de terre en souffre; il n'eut pas fait cent pas,
Que par son compagnon il fut mis en éclats,
Sans qu'il eût lieu de se plaindre.

Ne nous associons qu'avecque nos égaux;
Ou bien il nous faudra craindre
Le destin d'un de ces pots.

[1] Achoppement, secousse, par métonymie. On disoit autrefois *hoqueter* pour secouer fortement.

FABLE III.

Le Petit Poisson et le Pêcheur.

Petit poisson deviendra grand,
Pourvu que Dieu lui prête vie;
Mais le lâcher en attendant,
 Je tiens, pour moi, que c'est folie :
Car de le rattraper il n'est pas trop certain.

Un carpeau, qui n'étoit encore que fretin,
Fut pris par un pêcheur au bord d'une rivière.
Tout fait nombre, dit l'homme, en voyant son butin;
Voilà commencement de chère et de festin :
 Mettons-le en notre gibecière.
Le pauvre carpillon lui dit en sa manière :
Que ferez-vous de moi? je ne saurois fournir
 Au plus qu'une demi-bouchée.
 Laissez-moi carpe devenir :
 Je serai par vous repêchée;
Quelque gros partisan m'achètera bien cher.
 Au lieu qu'il vous en faut chercher
 Peut-être encor cent de ma taille
Pour faire un plat : quel plat! croyez-moi, rien qui vaille :

Rien qui vaille! eh bien! soit, repartit le pêcheur :
Poisson, mon bel ami, qui faites le prêcheur,
Vous irez dans la poêle; et, vous avez beau dire,
    Dès ce soir on vous fera frire.

Un Tiens vaut, ce dit-on, mieux que deux Tu l'auras :
    L'un est sûr, l'autre ne l'est pas.

FABLE IV.

Les Oreilles du Lièvre.

Un animal cornu blessa de quelques coups
    Le lion, qui, plein de courroux,
    Pour ne plus tomber en la peine,
    Bannit des lieux de son domaine
Toute bête portant des cornes à son front.
Chèvres, béliers, taureaux, aussitôt délogèrent;
    Daims et cerfs de climat changèrent:
    Chacun à s'en aller fut prompt.
Un lièvre, apercevant l'ombre de ses oreilles,
    Craignit que quelque inquisiteur
N'allât interpréter à cornes leur longueur,
Ne les soutînt en tout à des cornes pareilles.
Adieu, voisin grillon, dit-il; je pars d'ici :
Mes oreilles enfin seroient cornes aussi;
Et quand je les aurois plus courtes qu'une autruche,
Je craindrois même encor. Le grillon repartit:
    Cornes cela! Vous me prenez pour cruche!
    Ce sont oreilles que Dieu fit.
    On les fera passer pour cornes,
Dit l'animal craintif, et cornes de licornes.

J'aurai beau protester; mon dire et mes raisons
　　Iront aux Petites-Maisons [1].

[1] Hôpital de fous à Paris, qui a reçu depuis une autre destination, et est devenu l'hospice des ménages.

FABLE V.

Le Renard ayant la queue coupée.

Un vieux renard, mais des plus fins,
Grand croqueur de poulets, grand preneur de lapins,
    Sentant son renard d'une lieue,
    Fut enfin au piége attrapé.
Par grand hasard en étant échappé,
Non pas franc, car pour gage il y laissa sa queue;
S'étant, dis-je, sauvé sans queue, et tout honteux,
Pour avoir des pareils (comme il étoit habile),
Un jour que les renards tenoient conseil entre eux:
Que faisons-nous, dit-il, de ce poids inutile,
Et qui va balayant tous les sentiers fangeux?
Que nous sert cette queue? Il faut qu'on se la coupe:
    Si l'on me croit, chacun s'y résoudra.
Votre avis est fort bon, dit quelqu'un de la troupe:
Mais tournez-vous, de grâce; et l'on vous répondra.
A ces mots il se fit une telle huée,
Que le pauvre écourté ne put être entendu.
Prétendre ôter la queue eût été temps perdu:
    La mode en fut continuée.

FABLE VI.

La Vieille et les deux Servantes.

Il étoit une vieille ayant deux chambrières :
Elles filoient si bien, que les sœurs filandières
Ne faisoient que brouiller au prix de celles-ci.
La vieille n'avoit point de plus pressant souci
Que de distribuer aux servantes leur tâche.
Dès que Téthys chassoit Phébus aux crins dorés,
Tourets entroient en jeu, fuseaux étoient tirés ;
    De-çà, de-là, vous en aurez :
    Point de cesse, point de relâche.
Dès que l'Aurore, dis-je, en son char remontoit,
Un misérable coq à point nommé chantoit ;
Aussitôt notre vieille, encor plus misérable,
S'affubloit d'un jupon crasseux et détestable,
Allumoit une lampe, et couroit droit au lit.
Où, de tout leur pouvoir, de tout leur appétit,
    Dormoient les deux pauvres servantes.
L'une entr'ouvroit un œil, l'autre étendoit un bras ;
    Et toutes deux, très-malcontentes,
Disoient entre leurs dents : Maudit coq ! tu mourras !
Comme elles l'avoient dit, la bête fut grippée :

Le réveille-matin eut la gorge coupée.
Ce meurtre n'amenda nullement leur marché :
Notre couple, au contraire, à peine étoit couché
Que la vieille, craignant de laisser passer l'heure,
Couroit comme un lutin par toute sa demeure.

C'est ainsi que, le plus souvent,
Quand on pense sortir d'une mauvaise affaire,
On s'enfonce encor plus avant :
Témoin ce couple et son salaire.
La vieille, au lieu du coq, les fit tomber par-là
De Charybde en Scylla.

FABLE VII.

Le Satyre et le Passant.

Au fond d'un antre sauvage
Un satyre et ses enfants
Alloient manger leur potage,
Et prendre l'écuelle aux dents.

On les eût vus sur la mousse,
Lui, sa femme, et main petit :
Ils n'avoient tapis ni housse,
Mais tous fort bon appétit.

Pour se sauver de la pluie
Entre un passant morfondu.
Au brouet on le convie :
Il n'étoit pas attendu.

Son hôte n'eut pas la peine
De le semondre [1] deux fois.
D'abord avec son haleine
Il se réchauffe les doigts :

[1] De l'inviter.

Puis sur le mets qu'on lui donne,
Délicat, il souffle aussi.
Le satyre s'en étonne :
Notre hôte! à quoi bon ceci?

L'un refroidit mon potage;
L'autre réchauffe ma main.
Vous pouvez, dit le sauvage,
Reprendre votre chemin.

Ne plaise aux dieux que je couche
Avec vous sous même toit!
Arrière ceux dont la bouche
Souffle le chaud et le froid!

FABLE VIII.

Le Cheval et le Loup.

Un certain loup, dans la saison
Que les tièdes zéphyrs ont l'herbe rajeunie,
Et que les animaux quittent tous la maison
    Pour s'en aller chercher leur vie;
Un loup, dis-je, au sortir des rigueurs de l'hiver,
Aperçut un cheval qu'on avoit mis au vert.
    Je laisse à penser quelle joie.
Bonne chasse, dit-il, qui l'auroit à son croc!
Eh! que n'es-tu mouton! car tu me serois hoc[1];
Au lieu qu'il faut ruser pour avoir cette proie.
Rusons donc. Ainsi dit, il vient à pas comptés;
    Se dit écolier d'Hippocrate;
Qu'il connoît les vertus et les propriétés
    De tous les simples de ces prés;
    Qu'il sait guérir, sans qu'il se flatte,
Toutes sortes de maux. Si don coursier vouloit
    Ne point celer sa maladie,

---

[1] Expression proverbiale tirée du jeu de cartes nommé le *hoc*, dans lequel on dit *hoc* en jetant certaines cartes qui font gagner ceux qui les jouent.

Lui loup, gratis, le guériroit;
Car le voir en cette prairie
Paître ainsi sans être lié
Témoignoit quelque mal, selon la médecine.
J'ai, dit la bête chevaline,
Une apostume sous le pied.
Mon fils, dit le docteur, il n'est point de partie
Susceptible de tant de maux.
J'ai l'honneur de servir nosseigneurs les chevaux,
Et fais aussi la chirurgie.
Mon galant ne songeoit qu'à bien prendre son temps,
Afin de happer son malade.
L'autre, qui s'en doutoit, lui lâche une ruade
Qui vous lui met en marmelade
Les mandibules [1] et les dents.
C'est bien fait, dit le loup en soi-même, fort triste;
Chacun à son métier doit toujours s'attacher.
Tu veux faire ici l'herboriste,
Et ne fus jamais que boucher.

[1] Les mâchoires.

FABLE IX.

Le Laboureur et ses Enfants.

Travaillez, prenez de la peine :
C'est le fonds qui manque le moins.

Un riche laboureur, sentant sa mort prochaine,
Fit venir ses enfants, leur parla sans témoins.
Gardez-vous, leur dit-il, de vendre l'héritage
    Que nous ont laissé nos parents :
    Un trésor est caché dedans.
Je ne sais pas l'endroit ; mais un peu de courage
Vous le fera trouver : vous en viendrez à bout.
Remuez votre champ dès qu'on aura fait l'oût[1] :
Creusez, fouillez, bêchez ; ne laissez nulle place
    Où la main ne passe et repasse.
Le père mort, les fils vous retournent le champ,
De-çà, de-là, partout ; si bien qu'au bout de l'an
    Il en rapporta davantage.
D'argent, point de caché. Mais le père fut sage
    De leur montrer, avant sa mort,
    Que le travail est un trésor.

[1] L'*oût*, vieux mot dont on se sert dans quelques provinces pour dire la moisson, parce qu'elle se fait dans le mois d'août.

FABLE X.

La Montagne qui accouche.

Une montagne en mal d'enfant
Jetoit une clameur si haute,
Que chacun, au bruit accourant,
Crut qu'elle accoucheroit sans faute
D'une cité plus grosse que Paris :
Elle accoucha d'une souris.

Quand je songe à cette fable,
Dont le récit est menteur
Et le sens est véritable,
Je me figure un auteur
Qui dit : Je chanterai la guerre
Que firent les Titans au maître du tonnerre.
C'est promettre beaucoup : mais qu'en sort-il souvent?
Du vent.

FABLE XI.

La Fortune et le jeune Enfant.

Sur le bord d'un puits très-profond
Dormoit, étendu de son long,
Un enfant alors dans ses classes :
Tout est aux écoliers couchette et matelas.
Un honnête homme, en pareil cas,
Auroit fait un saut de vingt brasses.
Près de là tout heureusement,
La Fortune passa, l'éveilla doucement;
Lui disant : Mon mignon, je vous sauve la vie;
Soyez une autre fois plus sage, je vous prie.
Si vous fussiez tombé, l'on s'en fût pris à moi;
Cependant c'étoit votre faute.
Je vous demande, en bonne foi,
Si cette imprudence si haute
Provient de mon caprice. Elle part à ces mots.

Pour moi, j'approuve son propos.
Il n'arrive rien dans le monde
Qu'il ne faille qu'elle en réponde :
Nous la faisons de tous écots;

Elle est prise à garant de toutes aventures.
Est-on sot, étourdi, prend-on mal ses mesures;
On pense en être quitte en accusant son sort :
　　Bref, la Fortune a toujours tort.

FABLE XII.

Les Médecins.

Le médecin Tant-pis alloit voir un malade
Que visitoit aussi son confrère Tant-mieux.
Ce dernier espéroit, quoique son camarade
Soutînt que le gisant iroit voir ses aïeux.
Tous deux s'étant trouvés différents pour la cure,
Leur malade paya le tribut à nature,
Après qu'en ses conseils Tant-pis eut été cru.
Ils triomphoient encor sur cette maladie.
L'un disoit : Il est mort; je l'avois bien prévu.
S'il m'eût cru, disoit l'autre, il seroit plein de vie.

FABLE XIII.

La Poule aux œufs d'or.

L'avarice perd tout en voulant tout gagner.
  Je ne veux, pour le témoigner,
Que celui dont la poule, à ce que dit la fable,
  Pondoit tous les jours un œuf d'or.
Il crut que dans son corps elle avoit un trésor ;
Il la tua, l'ouvrit, et la trouva semblable
A celles dont les œufs ne lui rapportoient rien,
S'étant lui-même ôté le plus beau de son bien.

  Belle leçon pour les gens chiches !
Pendant ces derniers temps, combien en a-t-on vus
Qui du soir au matin sont pauvres devenus
  Pour vouloir trop tôt être riches !

FABLE XIV.

L'Ane portant des Reliques.

Un baudet chargé de reliques
S'imagina qu'on l'adoroit :
Dans ce penser il se carroit,
Recevant comme siens l'encens et les cantiques.
Quelqu'un vit l'erreur, et lui dit :
Maître baudet, ôtez-vous de l'esprit
    Une vanité si folle.
    Ce n'est pas vous, c'est l'idole
    A qui cet honneur se rend,
    Et que la gloire en est due.

D'un magistrat ignorant
C'est la robe qu'on salue.

FABLE XV.

Le Cerf et la Vigne.

Un cerf, à la faveur d'une vigne fort haute,
Et telle qu'on en voit en de certains climats,
S'étant mis à couvert et sauvé du trépas,
Les veneurs, pour ce coup, croyoient leurs chiens en faute.
Ils les rappellent donc. Le cerf, hors de danger,
Broute sa bienfaitrice : ingratitude extrême !
On l'entend; on retourne, on le fait déloger :
    Il vient mourir en ce lieu même.
J'ai mérité, dit-il, ce juste châtiment :
Profitez-en, ingrats. Il tombe en ce moment.
La meute en fait curée : il lui fut inutile
De pleurer aux veneurs à sa mort arrivés.

Vraie image de ceux qui profanent l'asile
    Qui les a conservés.

FABLE XVI.

Le Serpent et la Lime.

On conte qu'un serpent, voisin d'un horloger
(C'étoit pour l'horloger un mauvais voisinage),
Entra dans sa boutique, et, cherchant à manger,
    N'y rencontra pour tout potage
Qu'une lime d'acier qu'il se mit à ronger :
Cette lime lui dit, sans se mettre en colère :
   Pauvre ignorant, eh! que prétends-tu faire?
    Tu te prends à plus dur que toi,
    Petit serpent à tête folle :
    Plutôt que d'emporter de moi
    Seulement le quart d'une obole,
    Tu te romprois toutes les dents.
    Je ne crains que celles du temps.

Ceci s'adresse à vous, esprits du dernier ordre,
Qui, n'étant bons à rien, cherchez sur tout à mordre :
    Vous vous tourmentez vainement.
Croyez-vous que vos dents impriment leurs outrages
    Sur tant de beaux ouvrages?
Ils sont pour vous d'airain, d'acier, de diamant.

FABLE XVII.

Le Lièvre et la Perdrix.

Il ne se faut jamais moquer des misérables :
Car qui peut s'assurer d'être toujours heureux?
    Le sage Ésope dans ses fables
    Nous en donne un exemple ou deux.
    Celui qu'en ces vers je propose,
    Et les siens, ce sont même chose.

Le lièvre et la perdrix, concitoyens d'un champ,
Vivoient dans un état, ce semble, assez tranquille,
    Quand une meute s'approchant
Oblige le premier à chercher un asile :
Il s'enfuit dans son fort, met les chiens en défaut,
    Sans même en excepter Brifaut [1].
    Enfin il se trahit lui-même
Par les esprits sortant de son corps échauffé.
Miraut, sur leur odeur ayant philosophé,
Conclut que c'est son lièvre, et d'une ardeur extrême
Il le pousse; et Rustaut, qui n'a jamais menti,

---

[1] Bon surnom de chien, puisqu'il signifie *le glouton*. Nous avons encore le verbe *briffer*, qui veut dire manger avec voracité.

Dit que le lièvre est reparti.
Le pauvre malheureux vient mourir à son gîte.
  La perdrix le raille et lui dit :
  Tu te vantois d'être si vite !
Qu'as-tu fait de tes pieds ? Au moment qu'elle rit
Son tour vient ; on la trouve. Elle croit que ses ailes
La sauront garantir à toute extrémité ;
  Mais la pauvrette avoit compté
  Sans l'autour aux serres cruelles.

FABLE XVIII.

L'Aigle et le Hibou.

L'aigle et le chat-huant leurs querelles cessèrent,
    Et firent tant, qu'ils s'embrassèrent.
L'un jura foi de roi, l'autre foi de hibou,
Qu'ils ne se goberoient leurs petits peu ni prou [1].
Connoissez-vous les miens? dit l'oiseau de Minerve.
Non, dit l'aigle. Tant pis, reprit le triste oiseau :
    Je crains en ce cas pour leur peau ;
    C'est hasard si je les conserve.
Comme vous êtes roi, vous ne considérez
Qui ni quoi : rois et dieux mettent, quoi qu'on leur die,
    Tout en même catégorie.
Adieu mes nourrissons, si vous les rencontrez.
Peignez-les moi, dit l'aigle, ou bien me les montrez ;
    Je n'y toucherai de ma vie.
Le hibou repartit : Mes petits sont mignons,
Beaux, bien faits, et jolis sur tous leurs compagnons :
Vous les reconnoîtrez sans peine à cette marque.
N'allez pas l'oublier ; retenez-la si bien,
    Que chez moi la maudite Parque,

---

[1] Ni beaucoup.

N'entre point par votre moyen.
Il avint qu'au hibou Dieu donna géniture;
De façon qu'un beau soir qu'il étoit en pâture,
  Notre aigle aperçut d'aventure,
  Dans les coins d'une roche dure,
  Ou dans les trous d'une masure,
  (Je ne sais pas lequel des deux)
  De petits monstres fort hideux,
Rechignés, un air triste, une voix de Mégère.
Ces enfants ne sont pas, dit l'aigle, à notre ami :
Croquons-les. Le galant n'en fit pas à demi :
Ses repas ne sont point repas à la légère.
Le hibou, de retour, ne trouve que les pieds
De ses chers nourrissons, hélas! pour toute chose.
Il se plaint; et les dieux sont par lui suppliés
De punir le brigand qui de son deuil est cause.
Quelqu'un lui dit alors : N'en accuse que toi,
  Ou plutôt la commune loi
  Qui veut qu'on trouve son semblable
  Beau, bien fait; et sur tous aimable.
Tu fis de tes enfants à l'aigle ce portrait :
  En avoient-ils le moindre trait?

FABLE XIX.

Le Lion s'en allant en guerre.

Le lion dans sa tête avoit une entreprise :
Il tint conseil de guerre, envoya ses prevôts :
    Fit avertir les animaux.
Tous furent du dessein, chacun selon sa guise :
    L'éléphant devoit sur son dos
    Porter l'attirail nécessaire,
    Et combattre à son ordinaire ;
    L'ours s'apprêter pour les assauts ;
Le renard, ménager de secrètes pratiques ;
Et le singe, amuser l'ennemi par ses tours.
Renvoyez, dit quelqu'un, les ânes, qui sont lourds,
Et les lièvres, sujets à des terreurs paniques.
Point du tout, dit le roi ; je les veux employer :
Notre troupe sans eux ne seroit pas complète :
L'âne effraiera les gens, nous servant de trompette ;
Et le lièvre pourra nous servir de courrier.

    Le monarque prudent et sage
De ses moindres sujets sait tirer quelque usage,
    Et connoît les divers talents.
Il n'est rien d'inutile aux personnes de sens.

FABLE XX.

L'Ours et les deux Compagnons.

Deux compagnons, pressés d'argent,
A leur voisin fourreur vendirent
La peau d'un ours encor vivant,
Mais qu'ils tueroient bientôt, du moins à ce qu'ils dirent.
C'étoit le roi des ours : au compte de ces gens,
Le marchand à sa peau devoit faire fortune ;
Elle garantiroit des froids les plus cuisants ;
On en pourroit fourrer plutôt deux robes qu'une.
Dindenaut prisoit moins ses moutons qu'eux leur ours ;
Leur, à leur compte, et non à celui de la bête.
S'offrant de la livrer au plus tard dans deux jours ;
Ils conviennent de prix, et se mettent en quête,
Trouvent l'ours qui s'avance et vient vers eux au trot.
Voilà mes gens frappés comme d'un coup de foudre.
Le marché ne tint pas ; il fallut le résoudre :
D'intérêts contre l'ours, on n'en dit pas un mot.
L'un des deux compagnons grimpe au faîte d'un arbre ;
L'autre, plus froid que n'est un marbre,
Se couche sur le nez, fait le mort, tient son vent,
Ayant quelque part ouï-dire

Que l'ours s'acharne peu souvent
Sur un corps qui ne vit, ne meut, ni ne respire.
Seigneur ours, comme un sot, donna dans ce panneau :
Il voit ce corps gisant, le croit privé de vie ;
  Et, de peur de supercherie,
Le tourne, le retourne, approche son museau,
  Flaire aux passages de l'haleine.
C'est, dit-il, un cadavre ; ôtons-nous, car il sent.
A ces mots l'ours s'en va dans la forêt prochaine.
L'un de nos deux marchands de son arbre descend,
Court à son compagnon, lui dit que c'est merveille
Qu'il n'ait eu seulement que la peur pour tout mal.
Eh bien ! ajouta-t-il, la peau de l'animal ?
  Mais que t'a-t-il dit à l'oreille ?
  Car il t'approchoit de bien près,
  Te retournant avec sa serre.
  Il m'a dit qu'il ne faut jamais
Vendre la peau de l'ours qu'on ne l'ait mis par terre.

FABLE XXI.

L'Ane vêtu de la peau du Lion.

De la peau du lion l'âne s'étant vêtu
    Étoit craint partout à la ronde;
    Et, bien qu'animal sans vertu[1],
    Il faisoit trembler tout le monde.
Un petit bout d'oreille échappé par malheur
    Découvrit la fourbe et l'erreur :
    Martin[2] fit alors son office.
Ceux qui ne savoient pas la ruse et la malice
    S'étonnoient de voir que Martin
    Chassât les lions au moulin.

    Force gens font du bruit en France
Par qui cet apologue est rendu familier.
    Un équipage cavalier
    Fait les trois quarts de leur vaillance.

---

[1] Sans courage, dans l'acception propre du mot *virtus*.
[2] Martin-bâton, qui a déjà fait son office dans la fable v du livre IV.

FIN DU CINQUIÈME LIVRE.

LIVRE SIXIÈME.

FABLE PREMIÈRE.

Le Pâtre et le Lion.

Les fables ne sont pas ce qu'elles semblent être ;
Le plus simple animal nous y tient lieu de maître.
Une morale nue apporte de l'ennui :
Le conte fait passer le précepte avec lui.
En ces sortes de feinte il faut instruire et plaire ;
Et conter pour conter me semble peu d'affaire.
C'est par cette raison qu'égayant leur esprit,
Nombre de gens fameux en ce genre ont écrit.
Tous ont fui l'ornement et le trop d'étendue ;
On ne voit point chez eux de parole perdue.
Phèdre étoit si succinct, qu'aucuns l'en ont blâmé ;
Ésope en moins de mots s'est encore exprimé.
Mais sur tous certain Grec [1] renchérit, et se pique
  D'une élégance laconique ;
Il renferme toujours son conte en quatre vers :
Bien ou mal, je le laisse à juger aux experts.

[1] Gabrias.

Voyons-le avec Ésope en un sujet semblable.
L'un amène un chasseur, l'autre un pâtre, en sa fable.
J'ai suivi leur projet quant à l'événement,
Y cousant en chemin quelque trait seulement.
Voici comme, à peu près, Ésope le raconte :

Un pâtre, à ses brebis trouvant quelque mécompte,
Voulut à toute force attraper le larron.
Il s'en va près d'un antre, et tend à l'environ
Des lacs à prendre loups, soupçonnant cette engeance.
  Avant que partir de ces lieux,
Si tu fais, disoit-il, ô monarque des dieux,
Que le drôle à ses lacs se prenne en ma présence,
  Et que je goûte ce plaisir,
  Parmi vingt veaux je veux choisir
  Le plus gras, et t'en faire offrande !
A ces mots sort de l'antre un lion grand et fort ;
Le pâtre se tapit, et dit, à demi mort :
Que l'homme ne sait guère, hélas ! ce qu'il demande !
Pour trouver le larron qui détruit mon troupeau,
Et le voir en ces lacs pris avant que je parte,
O monarque des dieux, je t'ai promis un veau ;
Je te promets un bœuf, si tu fais qu'il s'écarte !

C'est ainsi que l'a dit le principal auteur :
  Passons à son imitateur.

FABLE II.

Le Lion et le Chasseur.

Un fanfaron, amateur de la chasse,
Venant de perdre un chien de bonne race
Qu'il soupçonnoit dans le corps d'un lion,
Vit un berger. Enseigne-moi, de grâce,
De mon voleur, lui dit-il, la maison;
Que de ce pas je me fasse raison.
Le berger dit : C'est vers cette montagne.
En lui payant de tribut un mouton
Par chaque mois, j'erre dans la campagne
Comme il me plaît; et je suis en repos.
Dans le moment qu'ils tenoient ces propos
Le lion sort, et vient d'un pas agile.
Le fanfaron aussitôt d'esquiver :
O Jupiter, montre-moi quelque asile,
S'écria-t-il, qui me puisse sauver !

La vraie épreuve de courage
N'est que dans le danger que l'on touche du doigt:
Tel le cherchoit, dit-il, qui, changeant de langage,
　　S'enfuit aussitôt qu'il le voit.

FABLE III.

Phébus et Borée.

Borée et le Soleil virent un voyageur
　　Qui s'étoit muni par bonheur
Contre le mauvais temps. On entroit dans l'automne,
Quand la précaution aux voyageurs est bonne :
Il pleut; le soleil luit; et l'écharpe d'Iris
　　Rend ceux qui sortent avertis
Qu'en ces mois le manteau leur est fort nécessaire :
Les Latins les nommoient douteux, pour cette affaire.
Notre homme s'étoit donc à la pluie attendu :
Bon manteau bien doublé, bonne étoffe bien forte.
Celui-ci, dit le Vent, prétend avoir pourvu
A tous les accidents; mais il n'a pas prévu
　　Que je saurai souffler de sorte
Qu'il n'est bouton qui tienne : il faudra, si je veux,
　　Que le manteau s'en aille au diable.
L'ébattement pourroit nous en être agréable :
Vous plaît-il de l'avoir ? Eh bien ! gageons nous deux,
　　Dit Phébus, sans tant de paroles,
A qui plus tôt aura dégarni les épaules
　　Du cavalier que nous voyons.

Commencez : je vous laisse obscurcir mes rayons.
Il n'en fallut pas plus. Notre souffleur à gage
Se gorge de vapeurs, s'enfle comme un ballon,
  Fait un vacarme de démon,
Siffle, souffle, tempête, et brise en son passage
Maint toit qui n'en peut mais ¹, fait périr maint bateau :
  Le tout au sujet d'un manteau.
Le cavalier eut soin d'empêcher que l'orage
  Ne se pût engouffrer dedans.
Cela le préserva. Le vent perdit son temps ;
Plus il se tourmentoit, plus l'autre tenoit ferme :
Il eut beau faire agir le collet et les plis.
  Sitôt qu'il fut au bout du terme
  Qu'à la gageure on avoit mis,
  Le Soleil dissipe la nue,
Récrée et puis pénètre enfin le cavalier,
  Sous son balandras² fait qu'il sue,
  Le contraint de s'en dépouiller :
Encor n'usa-t-il pas de toute sa puissance.

  Plus fait douceur que violence.

[1] Davantage, du mot latin *magis*.
[2] Le *balandras* ou *balandran* étoit une sorte de manteau.

FABLE IV.

Jupiter et le Métayer.

Jupiter eut jadis une ferme à donner.
Mercure en fit l'annonce, et gens se présentèrent,
    Firent des offres, écoutèrent :
    Ce ne fut pas sans bien tourner ;
    L'un alléguoit que l'héritage
Étoit frayant[1] et rude, et l'autre un autre si.
    Pendant qu'ils marchandoient ainsi,
Un d'eux, le plus hardi, mais non pas le plus sage,
Promit d'en rendre tant, pourvu que Jupiter
    Le laissât disposer de l'air,
    Lui donnât saison à sa guise,
Qu'il eût du chaud, du froid, du beau temps, de la bise,
    Enfin, du sec et du mouillé,
    Aussitôt qu'il auroit bâillé.
Jupiter y consent. Contrat passé, notre homme
Tranche du roi des airs, pleut, vente, et fait en somme
Un climat pour lui seul : ses plus proches voisins
Ne s'en sentoient non plus que les Américains.
Ce fut leur avantage : ils eurent bonne année,

[1] Occasionoit beaucoup de frais ou de dépense.

Pleine moisson, pleine vinée.
Monsieur le receveur fut très-mal partagé.
    L'an suivant, voilà tout changé :
    Il ajuste d'une autre sorte
    La température des cieux.
    Son champ ne s'en trouve pas mieux ;
Celui de ses voisins fructifie et rapporte.
Que fait-il? il recourt au monarque des dieux ;
    Il confesse son imprudence.
Jupiter en usa comme un maître fort doux.

    Concluons que la Providence
    Sait ce qu'il nous faut mieux que nous.

FABLE V.

Le Cochet, le Chat, et le Souriceau.

Un souriceau tout jeune, et qui n'avoit rien vu,
    Fut presque pris au dépourvu.
Voici comme il conta l'aventure à sa mère :

J'avois franchi les monts qui bornent cet état,
    Et trottois comme un jeune rat
    Qui cherche à se donner carrière,
Lorsque deux animaux m'ont arrêté les yeux :
    L'un doux, benin, et gracieux,
Et l'autre turbulent, et plein d'inquiétude ;
    Il a la voix perçante et rude,
    Sur la tête un morceau de chair,
Une sorte de bras dont il s'élève en l'air
    Comme pour prendre sa volée,
    La queue en panache étalée.
Or, c'étoit un cochet dont notre souriceau
    Fit à sa mère le tableau
Comme d'un animal venu de l'Amérique.
Il se battoit, dit-il, les flancs avec ses bras,
    Faisant tel bruit et tel fracas,

Que moi, qui, grâce aux dieux, de courage me pique,
 En ai pris la fuite de peur,
 Le maudissant de très-bon cœur.
 Sans lui j'aurois fait connoissance
Avec cet animal qui m'a semblé si doux :
 Il est velouté comme nous,
Marqueté, longue queue, une humble contenance,
Un modeste regard, et pourtant l'œil luisant.
 Je le crois fort sympathisant
Avec messieurs les rats ; car il a des oreilles
 En figure aux nôtres pareilles.
Je l'allois aborder, quand d'un son plein d'éclat,
 L'autre m'a fait prendre la fuite.
Mon fils, dit la souris, ce doucet est un chat,
 Qui, sous son minois hypocrite,
 Contre toute ta parenté
 D'un malin vouloir est porté.
 L'autre animal, tout au contraire,
 Bien éloigné de nous malfaire,
Servira quelque jour peut-être à nos repas.
Quant au chat, c'est sur nous qu'il fonde sa cuisine.

 Garde-toi, tant que tu vivras,
 De juger des gens sur la mine.

FABLE VI.

Le Renard, le Singe et les Animaux.

Les animaux, au décès d'un lion,
En son vivant prince de la contrée,
Pour faire un roi s'assemblèrent, dit-on.
De son étui la couronne est tirée :
Dans une chartre [1] un dragon la gardoit.
Il se trouva que, sur tous essayée,
A pas un d'eux elle ne convenoit :
Plusieurs avoient la tête trop menue,
Aucuns trop grosse, aucuns même cornue.
Le singe aussi fit l'épreuve en riant;
Et, par plaisir, la tiare essayant,
Il fit autour force grimaceries,
Tours de souplesse et mille singeries,
Passa dedans ainsi qu'en un cerceau.
Aux animaux cela sembla si beau,
Qu'il fut élu : chacun lui fit hommage.
Le renard seul regretta son suffrage,
Sans toutefois montrer son sentiment.
Quand il eut fait son petit compliment,

[1] Un lieu de réserve, une prison.

Il dit au roi : Je sais, sire, une cache,
Et ne crois pas qu'autre que moi la sache.
Or tout trésor, par droit de royauté,
Appartient, sire, à votre majesté.
Le nouveau roi bâille après la finance;
Lui-même y court, pour n'être pas trompé.
C'étoit un piége : il y fut attrapé.
Le renard dit, au nom de l'assistance :
Prétendrois-tu nous gouverner encor,
Ne sachant pas te conduire toi-même?
Il fut démis; et l'on tomba d'accord
Qu'à peu de gens convient le diadème.

FABLE VII.

Le Mulet se vantant de sa généalogie.

Le mulet d'un prélat se piquoit de noblesse,
    Et ne parloit incessamment
    Que de sa mère la jument,
    Dont il contoit mainte prouesse.
Elle avoit fait ceci, puis avoit été là.
    Son fils prétendoit pour cela
    Qu'on le dût mettre dans l'histoire.
Il eût cru s'abaisser servant un médecin.
Étant devenu vieux, on le mit au moulin :
Son père l'âne alors lui revint en mémoire.

    Quand le malheur ne seroit bon
    Qu'à mettre un sot à la raison,
    Toujours seroit-ce à juste cause
    Qu'on le dit bon à quelque chose.

FABLE VIII.

Le Vieillard et l'Ane.

Un vieillard sur son âne aperçut, en passant,
    Un pré plein d'herbe et fleurissant :
Il y lâche sa bête; et le grison se rue
    Au travers de l'herbe menue,
    Se vautrant, grattant et frottant,
    Gambadant, chantant et broutant,
    Et faisant mainte place nette.
    L'ennemi vient sur l'entrefaite.
    Fuyons, dit alors le vieillard.
    Pourquoi? répondit le paillard [1];
Me fera-t-on porter double bât, double charge?
Non pas, dit le vieillard, qui prit d'abord le large.
Eh! que m'importe donc, dit l'âne, à qui je sois?
    Sauvez-vous, et me laissez paître.
    Notre ennemi, c'est notre maître :
    Je vous le dis en bon françois.

[1] L'homme qui couche sur la paille, le paysan. Ce mot n'a plus cette signification.

FABLE IX.

Le Cerf se voyant dans l'eau.

Dans le cristal d'une fontaine
Un cerf se mirant autrefois,
Louoit la beauté de son bois,
Et ne pouvoit qu'avecque peine
Souffrir ses jambes de fuseaux,
Dont il voyoit l'objet [1] se perdre dans les eaux.
Quelle proportion de mes pieds à ma tête !
Disoit-il en voyant leur ombre avec douleur ;
Des taillis les plus hauts mon front atteint le faîte ;
Mes pieds ne me font point d'honneur.
Tout en parlant de la sorte,
Un limier le fait partir.
Il tâche à se garantir ;
Dans les forêts il s'emporte :
Son bois, dommageable ornement,
L'arrêtant à chaque moment,
Nuit à l'office que lui rendent
Ses pieds, de qui ses jours dépendent.

[1] L'image projetée devant lui, *objectus*. C'est un latinisme.

Il se dédit alors, et maudit les présents
    Que le ciel lui fait tous les ans.

Nous faisons cas du beau, nous méprisons l'utile;
    Et le beau souvent nous détruit.
Ce cerf blâme ses pieds qui le rendent agile;
    Il estime un bois qui lui nuit.

FABLE X.

Le Lièvre et la Tortue.

Rien ne sert de courir; il faut partir à point :
Le lièvre et la tortue en sont un témoignage.

Gageons, dit celle-ci, que vous n'atteindrez point
Sitôt que moi ce but. Sitôt! êtes-vous sage?
    Repartit l'animal léger :
    Ma commère, il vous faut purger
    Avec quatre grains d'ellébore.
    Sage ou non, je parie encore.
    Ainsi fut fait; et de tous deux
    On mit près du but les enjeux.
    Savoir quoi, ce n'est pas l'affaire,
    Ni de quel juge l'on convint.
Notre lièvre n'avoit que quatre pas à faire;
J'entends de ceux qu'il fait lorsque, près d'être atteint,
Il s'éloigne des chiens, les renvoie aux calendes,
    Et leur fait arpenter les landes.
Ayant, dis-je, du temps de reste pour brouter,
    Pour dormir, et pour écouter
    D'où vient le vent, il laisse la tortue

Aller son train de sénateur.
Elle part, elle s'évertue;
Elle se hâte avec lenteur.
Lui cependant méprise une telle victoire,
 Tient la gageure à peu de gloire,
 Croit qu'il y va de son honneur
De partir tard. Il broute, il se repose;
 Il s'amuse à tout autre chose
Qu'à la gageure. A la fin, quand il vit
Que l'autre touchoit presqu'au bout de la carrière,
Il partit comme un trait; mais les élans qu'il fit
Furent vains : la tortue arriva la première.
Eh bien! lui cria-t-elle, avois-je pas raison?
 De quoi vous sert votre vitesse?
 Moi l'emporter! et que seroit-ce
 Si vous portiez une maison?

FABLE XI.

L'Ane et ses Maîtres.

L'âne d'un jardinier se plaignoit au Destin
De ce qu'on le faisoit lever devant l'aurore.
Les coqs, lui disoit-il, ont beau chanter matin,
    Je suis plus matineux encore.
Et pourquoi? pour porter des herbes au marché!
Belle nécessité d'interrompre mon somme!
    Le Sort, de sa plainte touché,
Lui donne un autre maître; et l'animal de somme
Passe du jardinier aux mains d'un corroyeur.
La pesanteur des peaux et leur mauvaise odeur
Eurent bientôt choqué l'impertinente bête.
J'ai regret, disoit-il, à mon premier seigneur:
    Encor, quand il tournoit la tête,
    J'attrapois, s'il m'en souvient bien,
Quelque morceau de chou qui ne me coûtoit rien:
Mais ici point d'aubaine; ou, si j'en ai quelqu'une,
C'est de coups. Il obtint changement de fortune;
    Et sur l'état d'un charbonnier
    Il fut couché tout le dernier.
Autre plainte. Quoi donc! dit le Sort en colère,

Ce baudet-ci m'occupe autant
    Que cent monarques pourroient faire!
Croit-il être le seul qui ne soit pas content?
    N'ai-je en l'esprit que son affaire?

Le Sort avoit raison. Tous gens sont ainsi faits:
Notre condition jamais ne nous contente;
    La pire est toujours la présente.
Nous fatiguons le ciel à force de placets.
Qu'à chacun Jupiter accorde sa requête,
    Nous lui romprons encor la tête.

FABLE XII.

Le Soleil et les Grenouilles.

Aux noces d'un tyran tout le peuple en liesse [1]
    Noyoit son souci dans les pots.
Ésope seul trouvoit que les gens étoient sots
    De témoigner tant d'allégresse.

Le soleil, disoit-il, eut dessein autrefois
    De songer à l'hyménée.
Aussitôt on ouït, d'une commune voix,
    Se plaindre de leur destinée
    Les citoyennes des étangs.
    Que ferons-nous s'il lui vient des enfants ?
Dirent-elles au Sort : un seul soleil à peine
    Se peut souffrir ; une demi-douzaine
Mettra la mer à sec et tous ses habitants.
Adieu joncs et marais : notre race est détruite ;
    Bientôt on la verra réduite
  A l'eau du Styx. Pour un pauvre animal,
Grenouilles, à mon sens, ne raisonnoient pas mal.

[1] En réjouissance.

FABLE XIII.

Le Villageois et le Serpent.

Ésope conte qu'un manant,
Charitable autant que peu sage,
Un jour d'hiver se promenant
A l'entour de son héritage,
Aperçut un serpent sur la neige étendu,
Transi, gelé, perclus, immobile rendu,
N'ayant pas à vivre un quart d'heure.
Le villageois le prend, l'emporte en sa demeure;
Et, sans considérer quel sera le loyer
D'une action de ce mérite,
Il l'étend le long du foyer,
Le réchauffe, le ressuscite.
L'animal engourdi sent à peine le chaud,
Que l'âme lui revient avecque la colère.
Il lève un peu la tête, et puis siffle aussitôt;
Puis fait un long repli, puis tâche à faire un saut
Contre son bienfaiteur, son sauveur et son père.
Ingrat, dit le manant, voilà donc mon salaire!
Tu mourras! A ces mots, plein d'un juste courroux,
Il vous prend sa cognée, il vous tranche la bête;

Il fait trois serpents de deux coups,
Un tronçon, la queue, et la tête.
L'insecte, sautillant, cherche à se réunir;
Mais il ne put y parvenir.

Il est bon d'être charitable :
Mais envers qui? c'est là le point.
Quant aux ingrats, il n'en est point
Qui ne meure enfin misérable.

FABLE XIV.

Le Lion malade et le Renard.

De par le roi des animaux,
Qui dans son antre étoit malade,
Fut fait savoir à ses vassaux
Que chaque espèce en ambassade
Envoyât gens le visiter ;
Sous promesse de bien traiter
Les députés, eux et leur suite,
Foi de lion, très-bien écrite :
Bon passe-port contre la dent,
Contre la griffe tout autant.
L'édit du prince s'exécute :
De chaque espèce on lui député.
Les renards gardant la maison,
Un d'eux en dit cette raison :
Les pas empreints sur la poussière
Par ceux qui s'en vont faire au malade leur cour,
Tous, sans exception, regardent sa tanière ;
Pas un ne marque de retour :
Cela nous met en méfiance.
Que sa majesté nous dispense :

Grand merci de son passe-port.
Je le crois bon ; mais dans cet antre
Je vois fort bien comme l'on entre,
Et ne vois pas comme on en sort.

FABLE XV.

L'Oiseleur, l'Autour, et l'Alouette.

Les injustices des pervers
    Servent souvent d'excuse aux nôtres.
Telle est la loi de l'univers :
Si tu veux qu'on t'épargne, épargne aussi les autres.

Un manant[1] au miroir prenoit des oisillons.
Le fantôme brillant attire une alouette :
Aussitôt un autour, planant sur les sillons,
    Descend des airs, fond et se jette
Sur celle qui chantoit, quoique près du tombeau.
Elle avoit évité la perfide machine,
Lorsque, se rencontrant sous la main de l'oiseau,
    Elle sent son ongle maligne.
Pendant qu'à la plumer l'autour est occupé,
Lui-même sous les rets demeure enveloppé :
Oiseleur, laisse-moi, dit-il en son langage;
    Je ne t'ai jamais fait de mal.
L'oiseleur repartit : Ce petit animal
    T'en avoit-il fait davantage?

[1] Ce mot est pris ici dans son ancien sens, et signifie un paysan, un habitant des campagnes; il ne se prend plus qu'en mauvaise part.

FABLE XVI.

Le Cheval et l'Ane.

En ce monde il se faut l'un l'autre secourir :
    Si ton voisin vient à mourir,
    C'est sur toi que le fardeau tombe.

Un âne accompagnoit un cheval peu courtois,
Celui-ci ne portant que son simple harnois,
Et le pauvre baudet si chargé qu'il succombe.
Il pria le cheval de l'aider quelque peu ;
Autrement, il mourroit devant qu'être à la ville.
La prière, dit-il, n'en est pas incivile :
Moitié de ce fardeau ne vous sera que jeu.
Le cheval refusa, fit une pétarade ;
Tant qu'il vit sous le faix mourir son camarade,
    Et reconnut qu'il avoit tort.
    Du baudet en cette aventure
    On lui fit porter la voiture,
    Et la peau par-dessus encor.

FABLE XVII.

Le Chien qui lâche sa proie pour l'ombre.

Chacun se trompe ici-bas :
On voit courir après l'ombre
Tant de fous, qu'on n'en sait pas,
La plupart du temps le nombre :
Au chien dont parle Ésope il faut les renvoyer.

Ce chien, voyant sa proie en l'eau représentée,
La quitta pour l'image, et pensa se noyer :
La rivière devint tout d'un coup agitée ;
A toute peine il regagna les bords,
Et n'eut ni l'ombre ni le corps.

FABLE XVIII.

Le Chartier embourbé.

Le Phaéton d'une voiture à foin
Vit son char embourbé. Le pauvre homme étoit loin
De tout humain secours : c'étoit à la campagne,
Près d'un certain canton de la Basse-Bretagne
Appelé Quimper-Corentin.
On sait assez que le Destin
Adresse là les gens quand il veut qu'on enrage :
Dieu nous préserve du voyage!
Pour venir au chartier embourbé dans ces lieux,
Le voilà qui déteste et jure de son mieux,
Pestant, en sa fureur extrême,
Tantôt contre les trous, puis contre ses chevaux,
Contre son char, contre lui-même.
Il invoque à la fin le dieu dont les travaux
Sont si celèbres dans le monde:
Hercule, lui dit-il, aide-moi; si ton dos
A porté la machine ronde,
Ton bras peut me tirer d'ici.
Sa prière étant faite, il entend dans la nue
Une voix qui lui parle ainsi:

LIVRE VI.

Hercule veut qu'on se remue ;
Puis il aide les gens. Regarde d'où provient
　　L'achoppement qui te retient ;
　　Ote d'autour de chaque roue
Ce malheureux mortier, cette maudite boue
　　Qui jusqu'à l'essieu les enduit ;
Prends ton pic, et me romps ce caillou qui te nuit ;
Comble-moi cette ornière. As-tu fait? Oui, dit l'homme.
Or bien je vais t'aider, dit la voix ; prends ton fouet.
Je l'ai pris... Qu'est-ce ci ! mon char marche à souhait !
Hercule en soit loué ! Lors la voix : Tu vois comme
Tes chevaux aisément se sont tirés de là.

Aide-toi, le ciel t'aidera.

FABLE XIX.

Le Charlatan.

Le monde n'a jamais manqué de charlatans :
    Cette science, de tout temps,
    Fut en professeurs très-fertile.
Tantôt l'un en théâtre affronte l'Achéron,
    Et l'autre affiche par la ville
    Qu'il est un passe-Cicéron.

    Un des derniers se vantoit d'être
    En éloquence si grand maître,
    Qu'il rendroit disert un badaud,
    Un manant, un rustre, un lourdaud ;
Oui, messieurs, un lourdaud, un animal, un âne :
Que l'on m'amène un âne, un âne renforcé,
    Je le rendrai maître passé,
    Et veux qu'il porte la soutane.
Le prince sut la chose ; il manda le rhéteur.
    J'ai, dit-il, en mon écurie
    Un fort beau roussin d'Arcadie ;
    J'en voudrois faire un orateur.
Sire, vous pouvez tout, reprit d'abord notre homme.

On lui donna certaine somme.
Il devoit au bout de dix ans
Mettre son âne sur les bancs ;
Sinon il consentoit d'être en place publique
Guindé la hart au col, étranglé court et net,
Ayant au dos sa rhétorique,
Et les oreilles d'un baudet.
Quelqu'un des courtisans lui dit qu'à la potence
Il vouloit l'aller voir ; et que, pour un pendu,
Il auroit bonne grâce et beaucoup de prestance :
Surtout qu'il se souvînt de faire à l'assistance
Un discours où son art fût au long étendu ;
Un discours pathétique, et dont le formulaire
Servît à certains Cicérons
Vulgairement nommés larrons.
L'autre reprit : Avant l'affaire,
Le roi, l'âne, ou moi, nous mourrons.

Il avoit raison. C'est folie
De compter sur dix ans de vie.
Soyons bien buvants, bien mangeants,
Nous devons à la mort de trois l'un en dix ans.

FABLE XX.

La Discorde.

La déesse Discorde ayant brouillé les dieux,
Et fait un grand procès là-haut pour une pomme,
  On la fit déloger des cieux.
  Chez l'animal qu'on appelle homme
  On la reçut à bras ouverts,
  Elle et Que-si-que-non, son frère,
  Avecque Tien-et-mien, son père.
Elle nous fit l'honneur en ce bas univers
  De préférer notre hémisphère
A celui des mortels qui nous sont opposés,
  Gens grossiers, peu civilisés,
Et qui, se mariant sans prêtre et sans notaire,
  De la Discorde n'ont que faire.
Pour la faire trouver aux lieux où le besoin
  Demandoit qu'elle fût présente,
  La Renommée avoit le soin
 De l'avertir; et l'autre, diligente,
Couroit vite aux débats, et prévenoit la Paix;
Faisoit d'une étincelle un feu long à s'éteindre.
La Renommée enfin commença de se plaindre

Que l'on ne lui trouvoit jamais
De demeure fixe et certaine;
Bien souvent l'on perdoit, à la chercher, sa peine :
Il falloit donc qu'elle eût un séjour affecté,
Un séjour d'où l'on pût en toutes les familles
L'envoyer à jour arrêté.
Comme il n'étoit alors aucun couvent de filles,
On y trouva difficulté.
L'auberge enfin de l'hyménée
Lui fut pour maison assignée.

FABLE XXI.

La jeune Veuve.

La perte d'un époux ne va point sans soupirs :
On fait beaucoup de bruit; et puis on se console.
Sur les ailes du Temps la tristesse s'envole;
    Le temps ramène les plaisirs.
    Entre la veuve d'une année
    Et la veuve d'une journée
La différence est grande : on ne croiroit jamais
    Que ce fût la même personne;
L'une fait fuir les gens, et l'autre a mille attraits :
Aux soupirs vrais ou faux celle-là s'abandonne;
C'est toujours même note et pareil entretien.
    On dit qu'on est inconsolable :
    On le dit; mais il n'en est rien,
    Comme on verra par cette fable,
    Ou plutôt par la vérité.

    L'époux d'une jeune beauté
Partoit pour l'autre monde. A ses côtés sa femme
Lui crioit : Attends-moi, je te suis; et mon âme,
Aussi-bien que la tienne, est prête à s'envoler.

LIVRE VI.

Le mari fait seul le voyage.
La belle avoit un père, homme prudent et sage :
　　Il laissa le torrent couler.
　　A la fin, pour la consoler :
Ma fille, lui dit-il, c'est trop verser de larmes :
Qu'a besoin le défunt que vous noyiez vos charmes ?
Puisqu'il est des vivants, ne songez plus aux morts.
　　Je ne dis pas que tout à l'heure
　　Une condition meilleure
　　Change en des noces ces transports ;
Mais après certain temps souffrez qu'on vous propose
Un époux, beau, bien fait, jeune, et tout autre chose
　　Que le défunt. Ah ! dit-elle aussitôt,
　　Un cloître est l'époux qu'il me faut.
Le père lui laissa digérer sa disgrâce.
　　Un mois de la sorte se passe ;
L'autre mois on l'emploie à changer tous les jours
Quelque chose à l'habit, au linge, à la coiffure :
　　Le deuil enfin sert de parure,
　　En attendant d'autres atours.
　　Toute la bande des Amours
Revient au colombier ; les jeux, les ris, la danse,
　　Ont aussi leur tour à la fin :
　　On se plonge soir et matin
　　Dans la fontaine de Jouvence.
Le père ne craint plus ce défunt tant chéri ;

Mais comme il ne parloit de rien à notre belle :
Où donc est le jeune mari
Que vous m'avez promis? dit-elle.

ÉPILOGUE.

Bornons ici cette carrière :
Les longs ouvrages me font peur.
Loin d'épuiser une matière,
On n'en doit prendre que la fleur.
Il s'en va temps que je reprenne
Un peu de forces et d'haleine
Pour fournir à d'autres projets.
Amour, ce tyran de ma vie,
Veut que je change de sujets :
Il faut contenter son envie.
Retournons à Psyché. Damon, vous m'exhortez
A peindre ses malheurs et ses félicités :
J'y consens; peut-être ma veine
En sa faveur s'échauffera.
Heureux si ce travail est la dernière peine
Que son époux me causera !

FIN DU PREMIER VOLUME.

TABLE ALPHABÉTIQUE

DES FABLES

CONTENUES DANS CE VOLUME.

L'Aigle et l'Escarbot. Livre II, fable 8, page 52
L'Aigle et le Hibou. V, 18, 195
L'Aigle, la Laie, et la Chatte. III, 6, 94
L'Alouette et ses petits, avec le Maître d'un champ. IV, 22, 164
L'Ane chargé d'éponges, et l'Ane chargé de sel. II, 10, 57
L'Ane et le petit Chien. IV, 5, 128
L'Ane et ses Maîtres. VI, 11, 218
L'Ane portant des Reliques. V, 14, 190
L'Ane vêtu de la peau du Lion. V, 21, 200
L'Astrologue qui se laisse tomber dans un puits. II, 13, 61
L'Avare qui a perdu son trésor. IV, 20, 160
La Belette entrée dans un grenier. III, 17, 111
Le Berger et la Mer. IV, 2, 120
La Besace. I, 7, 11
Le Bûcheron et Mercure. V, 1, 167
Le Cerf se voyant dans l'eau. VI, 9, 214
Le Cerf et la Vigne. V, 15, 191
Le Chameau et les Bâtons flottants. IV, 10, 139
Le Charlatan. VI, 19, 230
Le Chartier embourbé. VI, 18, 228

TABLE

Le Chat et le vieux Rat. III, 18,	page 113
La Chatte métamorphosée en Femme. II, 18,	72
La Chauve-Souris et les deux Belettes. II, 5,	48
Le Chêne et le Roseau. I, 22,	39
Le Cheval s'étant voulu venger du Cerf. IV, 13,	147
Le Cheval et l'Ane. VI, 16,	226
Le Cheval et le Loup. V, 8,	182
Le Chien qui lâche sa proie pour l'ombre. VI, 17,	227
La Cigale et la Fourmi. I, 1,	3
Le Cochet, le Chat, et le Souriceau. VI, 5,	208
La Colombe et la Fourmi. II, 12,	60
Le Combat des Rats et des Belettes. IV, 6,	130
Conseil tenu par les Rats. II, 2,	44
Contre ceux qui ont le goût difficile. II, 1,	41
Le Coq et la Perle. I, 20,	36
Le Coq et le Renard. II, 15,	66
Le Corbeau voulant imiter l'Aigle. II, 16,	68
Le Corbeau et le Renard. I, 2,	5
Le Cygne et le Cuisinier. III, 12,	103
La Discorde. VI, 20,	232
Le Dragon à plusieurs têtes, et le Dragon à plusieurs queues. I, 12,	22
L'Enfant et le Maître d'école. I, 19,	34
La Femme noyée. III, 16,	109
La Fortune et le jeune Enfant. V, 11,	186
Les Frelons et les Mouches à miel. I, 21,	37
Le Geai paré des plumes du Paon. IV, 9,	138
La Génisse, la Chèvre, et la Brebis, en société avec le Lion. I, 6,	10
La Goutte et l'Araignée. III, 8,	98
La Grenouille qui se veut faire aussi grosse que le Bœuf. I, 3,	6
La Grenouille et le Rat. IV, 11,	140

ALPHABÉTIQUE.

Les Grenouilles qui demandent un Roi. III, 4, page	90
L'Hirondelle et les petits Oiseaux. I, 8,	13
L'Homme et son Image. I, 11,	20
L'Homme entre deux âges, et ses deux Maîtresses. I, 17,	30
L'Homme et l'Idole de bois. IV, 8,	136
L'Ivrogne et sa Femme. III, 7,	96
Le Jardinier et son Seigneur. IV, 4,	125
Jupiter et le Métayer. VI, 4,	206
Le Laboureur et ses Enfants. V, 9,	184
La Lice et sa Compagne. II, 7,	51
Le Lièvre et les Grenouilles. II, 14,	64
Le Lièvre et la Perdrix. V, 17,	193
Le Lièvre et la Tortue. VI, 10,	216
Le Lion abattu par l'Homme. III, 10,	101
Le Lion amoureux. IV, 1,	117
Le Lion devenu vieux. III, 14,	106
Le Lion malade, et le Renard. VI, 14,	223
Le Lion s'en allant en guerre. V, 19,	197
Le Lion et l'Ane chassant. II, 19,	74
Le Lion et le Chasseur. VI, 2,	203
Le Lion et le Moucheron. II, 9,	55
Le Lion et le Rat. II, 11,	59
Le Loup et l'Agneau. I, 10,	18
Le Loup devenu Berger. III, 3,	88
Le Loup et le Chien. I, 5,	8
Le Loup et la Cicogne. III, 9,	100
Le Loup, la Chèvre, et le Chevreau. IV, 15,	150
Le Loup, la Mère, et l'Enfant. IV, 16,	152
Le Loup plaidant contre le Renard par devant le Singe. II, 3,	46
Les Loups et les Brebis. III, 13,	104
Les Médecins. V, 12,	188
Les Membres et l'Estomac. III, 2,	85

TABLE

Le Meunier, son Fils et l'Ane. III, 1,	page 81
La Montagne qui accouche. V, 10,	185
La Mort et le Bûcheron. I, 16,	29
La Mort et le Malheureux. I, 15,	28
La Mouche et la Fourmi. IV, 3,	122
Le Mulet se vantant de sa généalogie. VI, 7,	212
Les deux Mulets. I, 4,	7
L'OEil du Maître. IV, 21,	162
L'Oiseau blessé d'une flèche. II, 6,	50
L'Oiseleur, l'Autour, et l'Alouette. VI, 15,	225
L'Oracle et l'Impie. IV, 19,	158
Les Oreilles du Lièvre. V, 4,	175
L'Ours et les deux Compagnons. V, 20,	198
Le Paon se plaignant à Junon. II, 17,	70
Parole de Socrate. IV, 17,	154
Le Pâtre et le Lion. VI, 1,	201
Phébus et Borée. VI, 3,	204
Philomèle et Progné. III, 15,	107
Le Petit Poisson et le Pêcheur. V, 3,	173
Le Pot de terre et le Pot de fer. V, 2,	171
La Poule aux œufs d'or. V, 13,	189
Le Rat de ville et le Rat des Champs. I, 9,	16
Le Renard ayant la queue coupée. V, 5,	177
Le Renard et le Bouc. III, 5,	92
Le Renard et le Buste. IV, 14,	149
Le Renard et la Cicogne. I, 18,	32
Le Renard et les Raisins. III, 11,	102
Le Renard, le Singe, et les Animaux. VI, 6,	210
Le Satyre et le Passant. V, 7,	180
Le Serpent et la Lime. V, 16,	192
Simonide préservé par les Dieux. I, 14,	25
Le Singe et le Dauphin. IV, 7,	133
Le Soleil et les Grenouilles. VI, 12,	220

ALPHABÉTIQUE.

Les deux Taureaux et la Grenouille. II, 4,	page 47
Testament expliqué par Ésope. II, 20,	76
Tribut envoyé par les Animaux à Alexandre. IV, 12,	143
La jeune Veuve. VI, 21,	234
Le Vieillard et l'Ane. VI, 8,	213
Le Vieillard et ses Enfants. IV, 18,	155
La Vieille et les deux Servantes. V, 6,	178
Le Villageois et le Serpent. VI, 13,	221
Les Voleurs et l'Ane. I, 13,	24

FIN DE LA TABLE.

PARIS. — DE L'IMPRIMERIE DE RIGNOUX,
rue des Francs-Bourgeois-S.-Michel, n° 8.

www.ingramcontent.com/pod-product-compliance
Lightning Source LLC
Chambersburg PA
CBHW060458170426
43199CB00011B/1246